# 基礎からわかる！中長距離走トレーニング

運動生理学に基づく新たなトレーニングがレベルアップをもたらす

櫛部静二 著

ベースボール・マガジン社

# まえがき

基礎理論を学んでトレーニングに取り組むことで、
レースでの成功を実現することができる。

　現在、日本の中長距離種目やマラソンは、世界のトップレベルから大きく遅れてしまっています。しかし、ずっとそうだったわけではありません。歴史を振り返れば、日本の選手が世界的な活躍を見せていた時代がありました。

　1964年の東京オリンピックでは、円谷幸吉がマラソンで銅メダルを獲得し、4年後のメキシコオリンピックでは、君原健二が銀メダルに輝きました。

　1970年代後半から80年代にかけては、瀬古利彦、宗茂、宗猛らが、伝説となるマラソンの黄金時代を築いています。彼らは多くの国際レースで優勝し、日本のマラソンが世界最高レベルにあることを証明しました。

　このような日本の中長距離・マラソン界の隆盛には、先人たちの思いも関わっていました。日本で初めてオリンピックのマラソンに出場した金栗四三は、日本選手が世界で勝負できる力をつけるための強化策として、箱根駅伝を始めています。1960年代から80年代にかけて、日本の長距離・マラソンが世界のトップレベルに君臨したのには、こうした下地があったのです。

　女子マラソンでも、日本は世界のトップに立ちました。男子の黄金時代から15〜20年ほど遅れ、2000年のシドニーオリンピックでは高橋尚子が、2004年のアテネオリンピックでは野口みずきが、それぞれ金メダルを獲得しています。

　現在でも、日本における中長距離・マラソンの人気は維持されていますが、実力は世界のトップレベルと大きな差ができてしまいました。男子マラソンでは、2時間02分台の記録が出て、2時間を切ることが現実味を帯びてくるまでになりましたが、日本の選手たちは、2時間07分あたりが精一杯という状況です。

　日本実業団陸上競技連合は、マラソンの日本記録を出した選手に1億円の報奨金を出すと言っています。しかし、2時間06分16秒の日本記録を更新する選手が現れたとしても、世界トップレベルとの大きな差を考えれば、手放しで喜べる状況ではありません。それを通過点

として、世界に追いつくことを考える必要があります。

　かつて日本の中長距離・マラソンは、どうして世界のトップに君臨できたのでしょうか。それは、広く世界にトレーニングを学び、新しいトレーニングに積極的に取り組んできた結果でした。

　1960年代の日本は、ニュージーランドやオーストラリアで新しいトレーニング法を学び、世界のトップレベルに追いつきました。当時のトレーニング量は、さほど多くありませんでした。

　その後、日本のマラソン選手たちは、40km走を中心とした圧倒的な量のトレーニングを確立していきます。まだ誰も走っていなかった量を走ることで、世界のトップに立ったのです。

　私自身、選手時代には、その流れを汲んだトレーニングを行っていました。長い距離を走ることを重視したトレーニングです。若い頃からマラソンに取り組んでいた私は、40km走を中心として、70kmを超える距離をトレーニングで走ったこともあります。その一方で、スピードのトレーニングはおろそかにされていたため、トラックレースではなかなか目標としていた記録を出せませんでした。

　こうしたトレーニングが間違っていたとはいえないかもしれませんが、当時であっても、世界の流れから大きくかけ離れていたことは事実でしょう。世界のトレーニングの動向に目を向けず、従来のトレーニング方法から抜け出せなかったために、日本の中長距離・マラソン界は、世界から大きく遅れを取ることになってしまったのです。

　現在の世界の中長距離・マラソン界に目を向けると、マラソンでは世界記録が次々と更新されていますし、5000mでは12分台が、10000mでは26分台が当たり前というレベルになっています。マラソンでも、トラック種目でも、日本との差は歴然としています。

　世界のトップレベルで活躍する選手たちのトレーニングは、スピードが速く強度が高いのに加え、トレーニング量も多

# まえがき

いという特徴があるようです。そして、そのトレーニング内容には、運動生理学の理論や新しい研究成果が活かされています。

中長距離走の能力を決定する要因は、最大酸素摂取量（VO2max）、乳酸性作業閾値（LT値）、ランニングエコノミーの3つだといえます。これらを向上させるトレーニングを行えば、確実にレベルアップすることができます。

たとえば、近年では、速いペースで行うインターバルなど、高強度トレーニングが注目を集めています。このようなトレーニングでは速筋線維が使われるため、速筋線維（タイプⅡ線維）の筋細胞にミトコンドリアが増えることがわかっています。それによって、速筋線維（タイプⅡ線維）が持久力を獲得し、高速ペースを持続することが可能になるのです。

また、ケニアのランナーたちは、朝食をとる前の早朝に、その日のメインとなるトレーニングを行っています。筋グリコーゲンや血糖の低い状態でトレーニングすることになるのですが、これが有酸素能力を向上させるのに役立っていることがわかっています。

トップレベルのランナーたちは、筋力トレーニングにも積極的に取り組んでいます。これは、筋力トレーニングを採り入れることで、ランニングエコノミーが改善できることが明らかになっているからです。

私は、運動生理学の理論や新しい研究成果を、中長距離ランナーのトレーニングに落とし込んで行くことは可能だと考え、それに取り組んできました。研究は研究で、その成果は実際のトレーニング現場では使えないと考える人がいるかもしれません。しかし、それは違います。日々のトレーニングに運動生理学を採り入れるかどうかで、大きな差が生まれることになると思います。

私が指導している城西大学に男子駅伝部が発足したとき、部員はわずか8人で、5000mを14分台で走る選手は一人もいないという状況でした。そういうレベルで船出したチームでしたが、以来、運動生理学に基づいたトレーニングに愚直に取り組んできました。その成果は、部員たちの成長となって現れています。

本書は、陸上競技の中長距離種目に取り組む高校生や大学生、あるいはその指導者に利用してほしいと考えています。ここまで世界トップレベルに目を向けた

話をしてきましたが、それが、競技を始めて間もない若いランナーに無縁だとは考えていません。むしろ、世界のトップランナーのトレーニングと、高校生のトレーニングは別だと考えてしまうことにこそ、問題があるように思えます。

たとえば、5000mに取り組む高校生ランナーであれば、その目的に合った効率のよいトレーニングを行うとよいでしょう。5000mレースは、最大酸素摂取量の100%レベルよりやや遅いペースで走ることになります。このランナーが効率よくレベルアップするためには、最大酸素摂取量を向上させるトレーニングや、スピード向上させるトレーニングを重視する必要があります。

トレーニングの量を増やすことに偏ってしまうと、ある一部の能力は伸びますが、バランスを欠いているために、大きな成長は望めなくなってしまいます。必要となるいろいろなトレーニングをまんべんなく採り入れ、可能性を広げて欲しいものです。

市民ランナーにも、本書を活用していただきたいと思います。もっとも、マラソンのトレーニングについては、多くのページを割いていません。しかし、本書で解説している運動生理学やトレーニングの基礎的な知識は、今よりも速く走りたいと考え、トレーニング方法を模索している市民ランナーの方たちに、きっと役立つはずと信じています。

特に記録が頭打ちになり、自己記録を更新できなくなっているランナーは、トレーニングについて考え直してみるいい機会だと思います。世界の中長距離・マラソン界は、運動生理学に基づいた新たなトレーニングで、どんどんレベルアップしているのです。そのエッセンスを学んでください。

そんなレベルの話は自分には無縁だと考える必要はありません。運動生理学の理論と新しい研究成果を、高校生は高校生なりの方法で、5000mで15分を切る挑戦に利用してください。市民ランナーは市民ランナーなりの方法で、サブスリーやサブフォーの挑戦に生かしてほしいと思います。

本書には、それをサポートする力があると信じています。

櫛部静二

# contents

まえがき ———————————————————————— 2
　基礎理論を学んでトレーニングに取り組むことで、
　レースでの成功を実現することができる。

## 第1章
## ランナーのための生理学 ———————————— 9

1　ATP再合成とエネルギー供給の仕組み ———————— 10
2　エネルギー供給の仕組み① 無酸素性エネルギー ———— 12
3　エネルギー供給の仕組み② 有酸素性エネルギー ———— 16
4　長距離ランナーの能力を決める3つの要因 —————— 18
5　無酸素性トレーニングはなぜ必要か ————————— 20
6　有酸素性トレーニングはなぜ必要か ————————— 24
7　ランナーの筋肉　その種類と特徴 —————————— 26
8　ランナーの筋肉　トレーニングを考える ——————— 29

## 第2章
## さまざまなトレーニング —————————————— 31

1　トレーニングの原則 ————————————————— 32
2　ランナーのフォームの基本 —————————————— 36
3　正しいフォームづくり ———————————————— 42
4　トレーニングの種類① ペースランニング ——————— 46
5　トレーニングの種類② インターバル ————————— 52
6　トレーニングの種類③ 距離走 ———————————— 56
7　トレーニングの種類④ レペティション ———————— 58

| 8 | トレーニングの種類⑤ タイムトライアル | 60 |
| --- | --- | --- |
| 9 | トレーニングの種類⑥ クロスカントリー | 62 |
| 10 | トレーニングの種類⑦ 筋力トレーニング | 64 |
| 11 | トレーニングの種類⑧ 坂トレーニング | 68 |
| 12 | トレーニングの種類⑨ 体幹トレーニング | 72 |
|  | コラム　高地トレーニングの科学 | 76 |

# 第3章
# トレーニング計画　79

| 1 | 競技力向上に必要な具体的な目標設定 | 80 |
| --- | --- | --- |
| 2 | 年間計画　四季に合わせて計画を立てる | 82 |
| 3 | 春・スピード強化期　トラック競技に取り組む | 84 |
| 4 | 夏・トレーニング期　持久力強化と補強に取り組む | 86 |
| 5 | 秋・ロードレース期　充実した結果を出す | 88 |
| 6 | 冬・トレーニング期　地形を利用して強化 | 90 |
| 7 | 種目別トレーニングメニュー | 92 |
| 8 | 競技会の成績を評価して将来に生かす | 100 |

# 第4章
# レースに向けたコンディショニング　103

| 1 | レースに向けたコンディショニングの基本 | 104 |
| --- | --- | --- |
| 2 | レースに向けた気持ちのコントロール法 | 108 |
| 3 | レース当日の過ごし方 | 110 |
|  | コラム　体調管理と心拍数 | 107 |

# contents

## 第5章
# レースにおける戦略と技術 ——— 113

- 1 戦略と技術① 800m ——— 114
- 2 戦略と技術② 1500m ——— 118
- 3 戦略と技術③ 5000m ——— 120
- 4 戦略と技術④ 10000m ——— 124
- 5 戦略と技術⑤ 3000mSC ——— 126
- 6 戦略と技術⑥ ロードレース ——— 130
- 7 戦略と技術⑦ 駅伝 ——— 132
- 8 戦略と技術⑧ マラソン ——— 134

   コラム　レースにおける呼吸法 ——— 136
   コラム　ラストスパートを成功させる3つのポイント ——— 138

## 第6章
# メンテナンスと休養 ——— 139

- 1 疲労と回復のメカニズム ——— 140
- 2 ウォーミングアップの必要性 ——— 144
- 3 クーリングダウンの理論と方法 ——— 148
- 4 アイシングによる故障予防 ——— 150
- 5 故障予防のためのO脚改善 ——— 153
- 6 パフォーマンス向上のためのアミノ酸サプリメントの活用 ——— 154
- 7 貧血対策 ——— 156
- 8 トレーニング時の水分補給 ——— 157

あとがき ——— 158

# 第1章
## ランナーのための生理学

第1章 ランナーのための生理学

# ATP再合成とエネルギー供給の仕組み

　私たちが走るとき、車がガソリンを使うようにエネルギーを必要とします。体の中では、走る時間、速度に合わせてエネルギーを供給し続けているわけです。このエネルギーは、筋肉細胞中にあるATP（アデノシン三リン酸）という物質が分解され、ADP（アデノシン二リン酸）となるときに発生します。ただし、筋肉内にはわずかな量のATPしかないため、ランナーが走り続けるためには、ATPを合成し続ける必要があるのです。

## 中長距離種目とエネルギー

　800mや1500mといった中距離種目も、5000mや10000mといった長距離種目も、マラソンのような中長距離種目も、速さを競う競技です。したがって、そのトレーニングは、それぞれの距離を、より速く走れるようにすることが主な目的となります。

　人間が運動を行うときには、体内でエネルギーを生み出さなければなりません。歩くときも、走るときも、ジャンプするときも、物を投げるときも、体内で作り出したエネルギーで筋肉を収縮させ、体を動かしているのです。

　一定時間に作り出せるエネルギー量が少なければ、当然力は出せません。速く走るためには、一定時間に作り出せるエネルギー量を多くする必要があります。さらに、陸上競技の中長距離ランナーには、たくさんのエネルギーを作り出す状態を、レースの距離に応じて持続させることも求められます。

　したがって、中長距離種目では、一定時間に多くのエネルギーを作り出すことができ、それを持続させる能力の高いことが、勝者の条件となるのです。

　そこで、効果的にトレーニングを行っていくためには、体の中でどのようにしてエネルギーが作り出されているのかを、よく

走り続けるためにはエネルギー、つまりATPを合成し続ける必要がある

# ATPの構造

■ アデノシン三リン酸
※Pi = リン酸

図1-1-1 ATPによるエネルギー産生

理解しておく必要があります。

## エネルギーの源はATP

ATP（アデノシン三リン酸）は、アデノシンという物質に、リン酸（Pi）が3つ結合したものです。リン酸の結合部にエネルギーが蓄えられており、ATPは、ADP（アデノシン二リン酸）とPi（リン酸）に分解されるときにエネルギーを放出します。（**図1-1-1**）

このATPの分解で発生するエネルギーを使って筋肉は収縮し、体を動かすことができます。

しかし、このエネルギーだけでは走り続けることができません。エネルギーの源であるATPは、体内にわずかしかないので、すぐに使い切ってしまうからです。ATPをADPとリン酸に分解することで、筋肉は大きな力を発揮できますが、それはわずか数秒ほどしか持続しません。これだけでは、短距離種目を走ることさえできないのです。

## ATPを再合成して走り続ける

ランナーが走り続けることができるのは、ATPを再合成するからです。エネルギーを放出したADPは、さまざまな供給システムで得られるエネルギーによってリン酸と結合して、ATPに再合成されます。ADPがリン酸と結合してATPに戻り、リン酸との結合部にエネルギーを蓄えた状態に戻るのです。そしてまた分解されエネルギーを放出し、筋肉を収縮させるのです。

つまり、ATPは繰り返し分解してエネルギーを放出し、繰り返しエネルギーを蓄積して再合成されるのです。こうして、私たちの体は持続してエネルギーを生み出すことが可能になっています。

では、ATPを再合成するための供給システムはどのようになっているのでしょうか。ATP再合成の方法は大きく分けて「ATP-PCr系」「解糖系」「有酸素性」の3つがあります。

ATP-PCr系は、短距離種目では最も重要なエネルギー供給システムです。ただし、短時間しか持続しません。

解糖系は、中距離種目や、長距離を速く走ったときに主に使われるエネルギー供給システムです。乳酸が産生されるのが特徴です。

ATP-PCr系と解糖系は、ともに酸素を使わずにエネルギーを供給します。そのため、これらを総称して、「無酸素性エネルギー供給システム」と呼ぶこともあります。

一方の有酸素性は、中長距離種目の基礎となるエネルギー供給システムです。長距離を走る場合には、エネルギーの多くがこのシステムから供給されます。

それぞれのエネルギー供給システムについては、次の項で解説していきます。

第1章　ランナーのための生理学

## 2 エネルギー供給の仕組み①
## 無酸素性エネルギー

　酸素を必要としないエネルギー供給システムには、「ATP-PCr系」と「解糖系」の2つがあります。ATP-PCr系は短時間に大きな力を発揮しますが、7〜8秒ほどしか持続しません。解糖系は、比較的速いスピードで走るときに使われ、それを持続するために乳酸を生み出すのが特徴です。血中に乳酸が多く蓄積していくと、ペースの維持が難しくなってしまいます。

### 瞬発的な運動はATP-PCr系

　ATP-PCr系は、細胞内に蓄えられているクレアチンリン酸という物質を利用し、ATPを再合成するためのエネルギーを供給します。

　クレアチンリン酸は、クレアチンというアミノ酸にリン酸が結合した物質で、結合部にエネルギーが蓄えられています。この物質がクレアチンとリン酸に分解し、そのリン酸をADPと結合させることで、ATP

ATP-PCr系によるエネルギー供給は7〜8秒。100mを10秒で走るスプリンターの場合、60〜70m以降は解糖系の割合が高まる

を再合成します。再合成には、クレアチンリン酸が分解するときに出るエネルギーが使われています。

ATP-PCr系エネルギー供給システムの特徴は、酸素を必要とせず、短時間で大きなエネルギーを生み出せる点にあります。そのため、短距離種目、跳躍種目、投てき種目などのように、瞬発的な力を必要とする運動では、主にこのエネルギー供給システムが使われることになります。

しかし、この方法ではエネルギーの供給を長時間持続させることはできません。それは、ATP-PCr系を最大限に使った場合、エネルギー供給を7～8秒しか持続させることができないからです。

この時間では、100mを走り切ることもできません。世界一流レベルのスプリンターでも、100mレースの終盤では、スピードが低下してしまいます。これはATP-PCr系のエネルギー供給が低下してしまうためなのです。

もちろん、全力で走り始めた7～8秒後に、ぱったり走れなくなってしまうわけではありません。「ATP-PCr系」「解糖系」「有酸素性」の3種類のエネルギー供給システムは、どれか一つだけが使われるわけではなく、実際には同時進行して使われています。

たとえば、100mレースを走るときも、最初はATP-PCr系が使われますが、同時に解糖系も使われるようになり、有酸素性によるエネルギー供給も微量ながらが始まっていきます。そしてATP-PCr系をフルに使えなくなってからは、解糖系の割合を増やし、100mレースの終盤を走り抜くことになるのです。

実際のレースで考えてみましょう。オリンピック100m走（10秒相当とする）では、トップでゴールする選手は70m付近

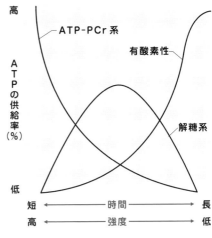

図1-2-1 エネルギー供給系の関係

で加速しているように見えます。しかし、実際の速度では60～70m付近でピークに到達し、その後、緩やかに減速しています。

これはまさしくこのエネルギー供給の持続時間と重なるということを示しています。勝者になるには、70m以降どれだけ減速を防ぐかが重要になってくるのです。

また、ATP-PCr系が使われるのは、爆発的な力を発揮する運動時に限りません。長距離レースはもちろん、ゆっくりしたジョギングでも、走り始めの最初のわずかな時間は、ATP-PCr系によってエネルギーが供給されます。他のエネルギー供給システムに比べ、立ち上がりが早いのも、ATP-PCr系の特徴なのです（図1-2-1）。

## 速く長く走るための解糖系

解糖系エネルギー供給システムは、筋肉に蓄えられているグリコーゲン（エネルギー源として使われる糖質の一種）を分解することでエネルギーを作り出し、そのエネルギーを供給することでATPの再合成を

# 2 エネルギー供給の仕組み①
## 無酸素性エネルギー

ATP-PCr系と解糖系によるエネルギー供給の限界と乳酸の蓄積が影響して、世界トップレベルの400mランナーでも最後の直線あたりから速度が低下する

行っています。

グリコーゲンは分解されて乳酸になります。エネルギーを生み出す過程で乳酸が作られるのが、解糖系の特徴です。また、この過程で酸素が必要とされないため、解糖系も無酸素性エネルギー供給システムの一つとされています。

解糖系は、ATP-PCr系ほど即座に大きなエネルギーを産生できませんが、比較的素早く、ある程度大きなエネルギーを作り出すことができます。解糖系エネルギー供給システムをフル稼働させた場合、理論的には、約33秒間にわたってエネルギーを供給できるとされています。

したがって、ATP-PCr系と解糖系をともにフル稼働させた場合、40～41秒くらいでエネルギー供給の限界に達することになります。もっとも、これはあくまで理論値であって、40～41秒で走れなくなるわけではありません。実際には有酸素性によるエネルギー供給の割合を増やすことで、ランナーはそれ以降も走り続けることができます。

ただ、400mレースを走るランナーが、スタート直後から全力で走り続けると、ラストの直線に入る頃（300m付近）では、がっくりとペースが落ちてしまいます。これは、ATP-PCr系と解糖系によるエネルギー供給が限界に近づくと同時に、乳酸を蓄積させてしまうことで筋収縮が妨げられて起こる現象です。世界トップレベルの400mランナーでも、最後の直線あたりからは速度が低下します。

中距離種目や長距離種目でも、解糖系のエネルギー供給システムは重要な意味を持っています。ジョギングなど、ゆっくりしたペースで走るときには、主に有酸素性エネルギー供給システムが使われますが、レースでスピードを競うときには、有酸素性だけでなく、単位時間当たりのエネルギー

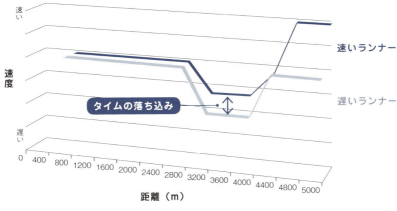

図1-2-2 5000mでのペースの推移

産生量が多い解糖系も使うことになるからです。

## 乳酸によるペースダウン

　解糖系でエネルギーを作り出すと、その結果として、乳酸という物質が生まれます。乳酸は「疲労物質」と呼ばれることもありますが、これは乳酸が高くなると筋線維内では水素イオン濃度が上昇し、エネルギー産生のために重要なカルシウムの働きが悪くなってしまい、筋収縮を低下させてしまいます。

　オーバーペースは、このような状況によってペースダウンを引き起こしてしまうのです。たとえば、5000mレースを走るとき、前半のペースがそのランナーの能力から考えて速すぎる場合（つまりオーバーペースだった場合）、3000mあたりからペースが落ちてしまうことがよくあります（図1-2-2）。これは、速度が上がると解糖系によるエネルギー産生の割合が多くなり、乳酸が増えすぎたために、この付近では最大酸素摂取量をむかえて酸素摂取量が低下していくために起こる現象です。

　ただ、乳酸は単なる疲労物質ではありません。乳酸はピルビン酸という物質に変えられ、有酸素性エネルギー供給システムに取り込まれて、再びエネルギーを作り出す燃料として処理されていきます。つまり、乳酸は走るためのエネルギー源としても使われているのです。レース中に一度ペースダウンをしてもしばらくすると少し回復し、ペースを上げられるのは、このような処理をしているからです。

　中長距離種目を速いペースで走るためには、どうしても解糖系エネルギー供給システムを使うことになります。そこで問題になるのが乳酸ですが、たとえ乳酸が作られても、それを分解し処理することができれば、筋肉中の乳酸濃度はあまり高くならず、筋肉の収縮が妨げられることはありません。

　つまり、乳酸が産生される量と、処理される量のバランスが重要なのです。あるペースで走るために解糖系が使われて乳酸が作り出されても、それが処理できる範囲の量であれば、ランナーはペースダウンを起こすことなく、走り続けることができるのです。

# 3 エネルギー供給の仕組み②
# 有酸素性エネルギー

体内にある糖質や脂肪は分解され、酸素を使いエネルギーを産生し、ATPを再合成しています。単位時間当たりの産生可能なエネルギー量は、ATP-PCr系や解糖系には及びません。しかし、エネルギーの原料となる脂肪は、長時間にわたってエネルギーを産生し続けることができます。長距離を走る場合に、中心的な役割を果たすのは、有酸素性エネルギーによる供給システムです。

## 長時間にわたり
## エネルギーを産生

有酸素性エネルギー供給システムでは、体内に蓄えられている糖質や脂肪が、分解され酸素を使ってさまざまな過程を経てエネルギーとなるATPを再合成しています。

このエネルギー供給システムの特徴は、長時間にわたってエネルギーを供給し続けられる点にあります。単位時間当たりの産生可能なエネルギー量は決して多くなく、ATP-PCr系や解糖系にはとても及びません。複雑な過程を経て糖質や脂肪を分解していくため、エネルギーが生み出されるまでに時間がかかってしまうのです。

しかし、原料となる糖質や脂肪があれば、長時間にわたってエネルギーを産生し続けることができます。また、最終的に二酸化炭素と水に分解されてしまうため、解糖系エネルギー供給システムのように、乳酸が蓄積していくことはありません。そのため、長く走り続ける長距離種目においては、エネルギー供給の多くを、この供給システムに頼ることになります。

## エネルギーの再生工場

有酸素性のエネルギー産生は、筋細胞内

**ミトコンドリア**
「エネルギー生産工場」
細胞の中にある小器官で、主に酸素を使ってエネルギーを生産する役割を果たす。

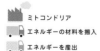

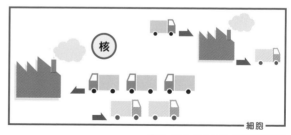

図 1-3-1 ミトコンドリアの役割

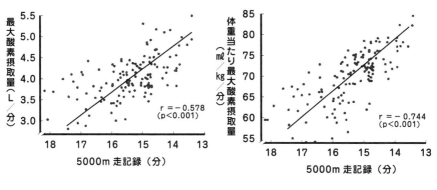

図 1-3-2　5000m 走の記録と最大酸素摂取量の関係（豊岡,1977）

にあるミトコンドリアの中で行われています。糖質を分解してできたピルビン酸や、脂肪が分解されてできた脂肪酸が、ミトコンドリアの中に取り込まれ、（トリカルボン酸回路における一連の反応を経る）エネルギーが生み出されていくのです（**図1-3-1**）。

そのエネルギーを使って ATP を再合成するため、ミトコンドリアは「エネルギーの再生工場」と呼ばれています。筋細胞内のミトコンドリアの数が多いほど、酸素によって産生できるエネルギー量は多くなります。このミトコンドリアはトレーニングによって増加していきます。

## 大量の酸素が必要になる

有酸素性では、酸素を使って糖質や脂肪を分解するため、単位時間当たりどれだけの酸素を筋肉細胞に取り込めるかが、単位時間当たりの産生可能エネルギー量に関わってきます。

つまり、一定時間内にたくさんの酸素を体に取り込める人ほど、有酸素性のエネルギー産生能力が高いといえます。走るときには、生み出すエネルギーで体を移動させなければならないので、体重1kg当たり、1分間に、最大限どれだけの酸素を取り入れることができるかが、重要な能力になってきます。

この能力の指標として使われているのが「最大酸素摂取量」です。この値が高いランナーほど、酸素によるエネルギー産生の能力が高いということになります。特に5000m走においては、この値とパフォーマンスは正の相関関係にあります（**図1-3-2**）。

## 乳酸もエネルギー源になる

解糖系について解説した部分でも述べましたが、解糖系のエネルギー産生によって生み出された乳酸は、酸素によるエネルギー産生の原料となります。乳酸は、酸素を使って分解される過程でエネルギーを生み出し、最終的には二酸化炭素と水に分解されていきます。乳酸は疲労物質といわれてきましたが、実はエネルギーを生み出す原料でもあったわけです。

たとえば、長距離レースを走るときは、前半に自身の能力以上のペースで走ると筋肉に乳酸がたまってしまいます。このような場合でも、しばらくペースを落として走っていると、乳酸はどんどん有酸素性エネルギー供給システムで処理されて活用されているのです。

# 4 長距離ランナーの能力を決める3つの要因

日々のトレーニングの目的とそれによって変化する体の仕組みはしっかりと理解しているでしょうか。たとえば、距離走を行って持久力を養ったり、短い距離を走ってスピードを磨いたりと、当たり前のようにトレーニング行っていますが、もっと厳密にみてみるとそれぞれのトレーニングは、体内のさまざまな生理的機能を向上させています。実は、トレーニングによって変化する生理的機能のなかで押さえておきたい指標があります。それは、長距離ランナーの能力を決める3つの指標であり、「最大酸素摂取量」「乳酸性作業閾値」「ランニングエコノミー」です。トレーニングを行う上でこれらの仕組みを知ることは、競技力向上の近道になることは間違いないでしょう。

## 3つの要因

### 1 最大酸素摂取量

これは一定時間当たり（1分間）にどれだけ多くの酸素を体内に取り込めるかの能力を示す指標です。持久力を示す指標であり、あらゆる持久的なスポーツ種目において、最大酸素摂取量に優れる人ほどよい競技成績をだすことができることが明らかになっています。3000mや5000mのレースでは体内での酸素消費量が多いために、この値がパフォーマンスに直結し、値が高い人は、ほぼ間違いなく走力が高いと考えられます。

私たちは鼻や口、皮膚から肺に空気を取り込み、そして肺から酸素を血液中へと送り込んでいます。その酸素は赤血球のヘモグロビンによって運搬され、体の筋組織へと運ばれていく仕組みになっています。運動をしていないときもこの機能は働いており、運動強度が高まり筋組織により酸素が必要になると、心臓から送り出される血液の量が増えるなどして、酸素運搬の活動が活発に動くのです。つまり、肺、心臓、血管、血液といった酸素供給能力が、最大酸素摂取量です。

長距離ランナーは長時間にわたって筋肉を動かし続けるために、筋肉のなかでエネルギーを生み出し続ける必要があります。筋肉に酸素を送る能力が高いほど、つまり

最大酸素摂取量をはじめさまざまなパフォーマンステストを実施して生理的能力を把握する

トレーニングは、生理的な影響を把握した上で行う

最大酸素摂取量が高いほど、筋肉にエネルギーを供給し続けることが可能になります。

この能力を高める代表的な方法が、強度の高いインターバルトレーニングです。レースペースやそれ以上のスピードで走ることを繰り返すことで、心肺機能や筋の細胞を活性化させて、多くの酸素を取り込む能力を向上させていきます。

### 2　乳酸性作業閾値

長距離種目の主となるエネルギーの供給方法は、体内に蓄えられている「糖（血液ではグルコース、筋ではグリコーゲン）」からエネルギーを生み出す方法と、「酸素」を取り入れエネルギーを生み出す方法の2つをとっています。両者の供給は並行して行われていますが、レース前半では前者の糖によってエネルギーを生み出している割合が高いのです。

糖は、比較的早くエネルギーを供給できることから使われやすいものですが、同時に乳酸も産生しています。乳酸は疲労物質といわれていますが、乳酸そのものはエネルギーとして再利用されるものなので、単なる疲労物質ではありません。しかし、たくさん乳酸を蓄積させてしまうと、結果的に筋の収縮を妨げることになってしまうのです。

走る速度を徐々に上げていくと乳酸が急激にたまるポイントが出現します。これを運動生理学では乳酸性作業閾値（いきち）と呼びます。競技力の高いランナーはこのポイントの出現が遅く、速いスピードで走っても、乳酸がたまりにくい体を持っています。これは、能力の低いランナーよりも乳酸の再利用ができるようになっているからです。この再利用がうまく進めば、長く走っても疲れずに高いパフォーマンスを実現できるのです。

この乳酸性作業閾値を高めるためにはペース走が効果的です。閾値付近のペース維持より乳酸を再利用していくような状態にすることで、関連する機能が向上していきパフォーマンスアップとなるのです。

### 3　ランニングエコノミー

これは文字通り、ランニングの経済性を表します。速度に対して消費する酸素量のことです。同一速度であった場合、消費する酸素量が少ない人のほうが、経済性が高い、すなわち能力が高い、ということになります。ランニングエコノミーは、先に説明した2つの要素を含めたさまざまな要因で決まることになります。近年、ケニア人選手がマラソンで好記録を出す理由の一つに、体形やランニングフォームによってこのランニングエコノミーが優れていることが考えられています。

ランニングエコノミーを高めるためには、筋力トレーニングやプライオメトリクストレーニングを実施し、筋機能を向上させることによってフォームを改善することが必要です（第1章8参照）。しかし、そのようなトレーニングの多くは負担が大きく怪我を引き起こす危険性があり、安全に行えるものでなければなりません。そこで簡単に取り入れる方法の一つとして、第2章10で紹介するジャンプ系トレーニングをお勧めします。

第1章 ランナーのための生理学

## 5 無酸素性トレーニングはなぜ必要か

中長距離種目を走るための主なエネルギーは、種目の距離が長くなればなるほど有酸素性によるエネルギー供給の割合が高まります。しかし、レース終盤の激しい競り合いを勝ち抜くためには、瞬時に多くのエネルギーを供給できる状態にしておかなければスピードの変化に対応できません。そのようなことから有酸素トレーニングだけでなく、無酸素性トレーニングも必要です。また、レースペースで走るのに必要な筋力やフォームを身につけるためにも、レースペースを意識した無酸素性トレーニングは非常に有効的です。

### 無酸素性エネルギーによる供給の割合が多いトレーニング

私たちが走るときには、それがどんな速度であっても、走るためのエネルギーがすべて無酸素的に生み出されたり、すべて有酸素的に生み出されたりすることはありません。体の中では両方のエネルギー供給システムが同時に働いているのです。

ただ、それぞれの割合は違ってきます。ゆっくり走っているときには、有酸素性のエネルギー供給システムが主に使われています。逆に、速く走るときには、無酸素性のエネルギー供給システムの割合が高まっているのです。

したがって、ここでの無酸素性トレーニングとは、解糖系などの無酸素性エネルギー供給の割合が比較的多くなるトレーニングということになります。具体的には、レペティション、ショートインターバル、タイムトライアルなど、距離が短く強度の高いトレーニングが含まれます。

### 勝負はラストで決まる

中長距離種目では、ラストの1周で勝負が決することがよくあります。世界トップレベルのランナーが集まるレースでは、ほとんどの場合、そのようなレースが展開されます。5000mレースであれば11周半まで、10000mレースであれば24周ま

日本選手権など5000mのレースではラスト半周で勝敗が決まることが多い

20

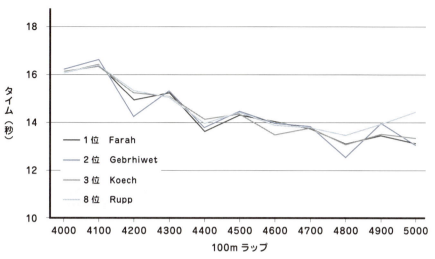

図 1-4-1　世界陸上 2013 男子 5000m 決勝ラップタイム（4000〜5000m の 100m ごと）

で先頭集団に残ったランナーたちによって、ラスト1周の勝負が展開されます。そのスピードでレースの勝者が決まることが多いのです。

これは世界トップレベルのランナーに限りません。中学生のレースでも、高校生のレースでも、市民ランナーのレースでも、勝負どころでしっかりペースを上げられるランナーが、勝者になることが多いのです（図 1-4-1）。

ラストの1周でペースを上げるときには、解糖系のエネルギー供給が非常に重要になります。大きな力を発揮できる解糖系エネルギーの供給割合を増やすことで、一気にペースを上げることが可能になるのです。

しかし、走っている途中に急にスピードが上がると解糖系の割合が高まり、たくさん乳酸が発生します。乳酸を有酸素的に処理する能力の許容量を超えると乳酸が蓄積し、水素イオン濃度が上昇してカルシウムの働きを阻害して、結果的にスピードを維持できなくなってしまいます。この状態を防ぐ能力を緩衝能といいます。スピードを維持して走り続けるためには、これを高める必要があるのです。緩衝能を高めるためには、解糖系エネルギー供給システムをフル稼働するような、強度の高い無酸素性トレーニングを繰り返し行います。それにより筋の緩衝能は向上していきます。

### 「量」よりも「スピード」を考える

ある目標を達成するための方法は、決して一つではありません。たとえば 5000mレースで 15 分 00 秒を切るためのトレーニングには、さまざまな方法があります。

さまざまなトレーニングをバランスよく取り入れることが前提ですが、適切な強度のトレーニングを取り入れることにより、少ないトレーニング量でも、14 分台という目標を達成することができるでしょう。20kmやハーフマラソン、あるいはマラソンということになると話は別ですが、5000mであれば、無酸素性トレーニングをうまく取り入れることは非常に有効です。

最近は高校生でも、5000mを 13 分台

## 5 無酸素性トレーニングは なぜ必要か

無酸素性トレーニングを適切に取り入れて、量を増やさずに5000mのレベルアップを図る

で走る選手が珍しくなくなってきました。これまでに比べ、高校生のトレーニング量は決して多くなっておらず、むしろ少なくなっている印象さえあるのに、記録は向上しているのです。さまざまな要因が考えられますが、トレーニングにおいては、従来のゆっくり長く走るなどの量を中心とした有酸素性トレーニングを少し減らし、ショートインターバルやレペティションなどの無酸素性トレーニングを適切に取り入れている可能性が高いと考えられます。

### 故障の防止にも役立つ

中長距離ランナーの故障は、主にトレーニングの量が多いことで生じやすい傾向にあるようです。筋や腱を過度に使うことや接地の衝撃によって関節周辺に炎症を引き起こしてしまいます。

そのため、有酸素性トレーニングを重視した「量」のトレーニングでは、強度を落としたとしても故障を招きやすくなります。適度に無酸素性トレーニングを取り入れ、「スピード」を考慮したトレーニングに切り替えることで、遅筋線維だけでなく速筋線維もバランスよく鍛えられ、このような故障を回避させることができる可能性があります。

もちろん、故障のリスクがまったくなくなるわけではありません。走りすぎによる故障は起きにくいのですが、走るスピードは速くなりますから、筋膜炎などのリスクは高まるのです。それを防ぐためには、十分なウォーミングアップを行うといった点に注意する必要があります。特に気温の低い季節の無酸素性トレーニングは、ウォーミングアップで十分に体を温めてから行うことが大切です。

偏ったトレーニングの実施は勧められませんが、バランスよく正しい方法で実施すれば、無酸素性トレーニングを取り入れることは、中長距離ランナーの故障を減らすのに役立つはずです。

### ミトコンドリアを増やす

ミトコンドリアは、筋線維細胞にある小器官です。糖質や脂肪を複雑な過程を経て最終的に酸素を利用してエネルギーを産生することから、ランナーにとっては非常に重要な器官です（図1-4-2）。そのため、「エネルギー産生工場」と呼ばれています。ミトコンドリアの中にある酵素があることによりエネルギーの生産量が上がります。したがって、ミトコンドリアが大きいことや数が多いことが、たくさんのエネルギー産生につながるのです。

さらには速く走ることで解糖系により生み出された乳酸も、最終的にはミトコンドリアに取り込まれてエネルギーを生み出し、二酸化炭素と水に分解されていきます。

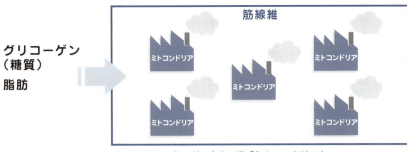

図1-4-2　エネルギー産生工場「ミトコンドリア」

ミトコンドリアは筋線維内にあり、その数は遅筋線維の細胞に多く、速筋線維の2倍近くあります。トレーニング量を増やせば強度は比較的低いことから遅筋線維が動員され、遅筋線維内のミトコンドリアのサイズ拡大や数の増加につながります。しかし、速筋線維はあまり動員されないため、速筋線維内のミトコンドリアの変化はあまりありません。そこで速筋線維のミトコンドリアのサイズの拡大や数を増やすためには、強度の高いトレーニングを行うことが必要になるわけです。

無酸素性トレーニングのように強度の高いトレーニングを行うことは、速筋線維を動員して速筋線維のミトコンドリアを増やしていくことになるのです。競技力が伸び悩んでいるランナーは打開する一つになるかもしれません。

このようなことから、無酸素性トレーニングを適度に行うことは、持久力を向上させるのにも役立つと考えられるでしょう。

## レースで必要となる筋力を鍛える

有酸素性トレーニングで行うランニングは、レースのペースよりも遅くなります。したがって、トレーニングがそればかりになってしまうと、レースのペースで走るための筋の強化できません。レースで必要となる筋力をランニングで強化するためには、レースのペース、あるいはレースに近いペースで走る必要があります。つまり、この点からも無酸素性トレーニングが必要だといえるのです。

筋力だけでなく、神経回路の面からも、ランニングフォームの面からも、レースに近いペースで走り、レースで目指している動きを行っておくことは大切です。

## 市民ランナーの現状打破にも

市民ランナーのトレーニングは、長い距離を比較的ゆっくりしたペースで走る有酸素性トレーニングが中心になりがちです（通勤ランや週末に集中して走り込むなど）。初心者のうちは、こうしたトレーニングだけでも、レースのタイムは着実に短縮されていきます。ところが、あるところで頭打ちになり、なかなかそれを超えられなくなってしまいます。これは、筋の遅筋線維ばかりを動員させて、せっかくの速筋線維は動員されないため、新たな能力向上につながらない、ということも考えられます。

このような場合には、さらにトレーニング量を増やそうと考えるのではなく、速筋線維を動員させるような無酸素性トレーニングを取り入れることをお勧めいたします。これまで無酸素性トレーニングをあまり行ってこなかった人なら、それによって現状を打破できる可能性があります。

# 6 有酸素性トレーニングはなぜ必要か

中長距離のレースを走るとき、ランナーは酸素を利用したエネルギー供給を主として走っています。中距離レースでは、酸素を利用せずにエネルギーを供給する割合が高まりますが、それでも酸素を利用したエネルギー供給の割合は多いのです。レースの距離が長くなればなるほど、酸素利用は高まります。走る速度が上がっても酸素を利用したエネルギー供給の割合を保つことができたなら、レース後半の大事なペースアップまでエネルギーを温存することができるのです。

よって酸素利用を最大限に伸ばすことがエネルギーの効率を高めて競技力を向上させていくのです。それを実現させるには文字通り有酸素性トレーニングを行うことが必要となります。この最も重要であり基礎となるトレーニングは、当然、日々のトレーニングの中でも大きな割合を占めることになります。

## 有酸素性の割合が多いトレーニング

ランナーがゆっくり走るとき、そのエネルギーは有酸素性エネルギー供給システムによるものが多くなり、無酸素的に供給されるエネルギーの割合は少なくなります。そして、走る速度が上がるほど、無酸素的に供給されるエネルギーの割合が多くなっていきます。

有酸素性トレーニングとは、酸素を利用してエネルギーを供給する割合が比較的多くなるトレーニングのことです。具体的には、ジョギング、距離走、ペースランニング、ロングインターバルなど、距離が長く、比較的強度の低いトレーニングが含まれます。

無酸素性トレーニングは、解糖系によるエネルギー供給が多くなるので、乳酸が発生します。乳酸が蓄積すると筋線維内では水素イオン濃度が上昇し、カルシウムの働きが悪くなって、エネルギー産生を速やかに行えなくなります。その結果、筋収縮を妨げてしまうため、長く走り続けることができません。よって距離が短い強度の高いトレーニングとなります。これに対し、有酸素性トレーニングは、たとえ乳酸が発生してもすぐに処理されていく強度なので、乳酸濃度が高くならず、長く走り続けることができるのです。

有酸素性トレーニングを行うことで、ラ

距離走は毛細血管を増やし有酸素能力を高める

表 1-5-1 有酸素トレーニングによる適応

| 呼吸器 | |
|---|---|
| 肺容量 | 増加 |
| 換気量 | 増加 |
| **循環器（心臓血管系）** | |
| 心臓容量 | 増加 |
| 1回心拍出量 | 増加 |
| 安静時心拍数 | 減少 |
| 最大酸素摂取量 | 増加 |
| 骨格筋の毛細血管網 | 増加 |
| **筋組織** | |
| 骨格筋のミトコンドリア容量 | 増加 |

ンナーの体は、より多くの酸素を体に取り入れ、それを使って多くのエネルギーを生み出せるようになります。そして、それが中長距離ランナーの基礎となる持久力の向上をもたらすのです。

## 呼吸器や循環器の機能が向上

有酸素性トレーニングを継続して行うことによって、体にはさまざまな変化が起こってきます（**表 1-5-1**）。

体に酸素を取り入れ、それを筋肉に供給するためには、呼吸器や循環器の機能が向上する必要があります。

呼吸器では、肺の容量が増える、肺の換気量が増える、肺胞で酸素を血液内に取り込む機能が高まる、といった生理的変化が起こるようになります。それによって、一定時間に血液内に取り込める酸素の量が増えます。

心臓や血管などの循環器も機能が向上します。肺で酸素を受け取った血液は、心臓から全身に送り出されますが、心臓の機能は有酸素性トレーニングで大きく改善されることがわかっています。具体的には、心臓の容積が増加し、さらに心臓の壁が厚みを増して力強く血液を押し出すようになります。そのため、1回の拍動で送り出される血液量（1回拍出量）が増えます。

1回の拍動で多くの血液を送り出せるようになると、安静時や運動時の心拍数が減ってきます。中長距離ランナーは、安静時の心拍数が少ない傾向がありますが、これは有酸素性トレーニングを続けることによって起こる現象なのです。

たくさんの酸素を筋肉に運ぶためには、血管が必要になります。有酸素性トレーニングを続けることで起こる変化としては、筋肉内における毛細血管の増加もあげられます。毛細血管が増えると、血液中でヘモグロビンと結合している酸素を、効率よく筋肉細胞まで届けられるようになります。有酸素性トレーニングを行っているときのランナーの筋肉は、たくさんの酸素を必要としているため、その状態に適合しようと毛細血管を発達させていくのです。また、筋肉細胞内のミトコンドリアのサイズや量も増加させるなど、生理的な変化が起こり、能力向上につながるのです。

## レースの距離が長いほど重要

トレーニングにおける有酸素性トレーニングと無酸素性トレーニングの割合は、目標としているレースの距離によって変わってきます。800m、1500mのようにレースの距離が短いほど、無酸素性トレーニングの必要性が高まります。そして、5000m、10000m、ハーフマラソンというように、レースの距離が長くなるほど、有酸素性トレーニングの必要性が高くなるのです。ただ、たとえ中距離のレースを目指す場合でも、基礎的なトレーニングとして、有酸素性トレーニングが不可欠なものであることは変わりません。

第1章 ランナーのための生理学

# 7 ランナーの筋肉
## その種類と特徴

　筋肉を構成する筋線維は、動物の筋線維の色の違いから、性質の異なるタイプの筋線維から形成されていることがわかり、多くの研究者がその性質の解明に取り組んできました。人においても50年前くらいに筋組織を直接採取する方法（筋生検）が開発され、複数の筋線維のそれぞれの性質について研究が進んでいます。

　筋線維は、大きく分けて2種類に分類されます。1つは、タイプⅠ線維（遅筋線維、赤筋）、もう1つは、タイプⅡ線維（速筋線維、白筋）です。それぞれの性質により収縮の速さなどの働きに違いがあります。走っているときに筋線維がどのように動員されて力を発揮するのかを知っておくことは、トレーニングやレースを組み立てる際に非常に役に立つでしょう。

### 筋線維の種類と特徴

　タイプⅠの筋線維は、収縮速度は遅いのですが疲労耐性に長けていることから遅筋線維と言われています。この筋線維には、色素タンパク質のミオグロビンが多く存在することから、色が赤いのが特徴です。特にミオグロビンは、ヘモグロビンから酸素を受け取り、酸素と結合し、代謝に必要なときまで貯蔵をすることができる物質です。運動時にはその酸素をエネルギーとして供給することができます。

　持久性のトレーニングによってこのミオグロビンの含有量は増加していきます。また、筋内の毛細血管数が多いために酸素が毛細血管から筋細胞へ移動する際の拡散距離が短いことから、酸化能力に長けているのです。これも持久性のトレーニングによって数が増えていくようになります。このようなことから、タイプⅠの筋線維は持久力が高く中長距離ランナーには大変重要な筋線維といえます。

　一方、タイプⅡの筋線維は、収縮速度が速く大きな力や素早い動きなどを可能とすることから速筋線維と言われています。タイプⅠとは違いミオグロビンが少ないことから、持久性には乏しく色が白く見えるのが特徴です。

　このタイプⅡの速筋線維は、さらにタイプⅡaとタイプⅡbの2種類に細分化さ

筋線維の性質や動員は持久性のトレーニングによって変化する

れます。タイプⅡbは元々の筋線維の性質から素早い動きや力の発揮には長けているものの疲労しやすく数分間の収縮を続けると力は低下してしまいます。一方のタイプⅡaは、タイプⅠとタイプⅡbの間と位置づけられ、元々の速筋線維の性質に持久性を合わせ持っています。つまり、素早く収縮する機能をもちながら遅筋線維のように持久力も発揮する筋線維です。

タイプⅡaの筋線維は、持久性のトレーニングによってタイプⅡのなかでその割合を増やすことができるため、中長距離種目ではさらなる能力向上のための重要な鍵となります。

## 筋線維の動員

すべての筋線維は運動神経とつながっています。運動神経は末端が枝分かれしており、一つの運動神経が多数の筋線維を支配しています。これを一つの単位として考え、運動単位といいます。一つの運動神経が興奮すると、その運動神経が支配するすべての筋線維が収縮します。

筋肉中にはタイプⅠ線維を支配する運動単位と、タイプⅡ線維を支配する運動単位が多数含まれています。一般に、タイプⅠ線維を支配する運動神経に比べ、タイプⅡ線維を支配している運動神経のほうが、筋線維数が多く、すなわち運動単位が大きいという特徴があります。

力を発揮する場合には、サイズの小さな運動単位から用いられはじめます。手や指などの細やかな動きでは、小さな運動単位（1本の運動神経が支配する筋線維数が少ない）が動員されます。細かい動きが可能なのは、運動単位が小さいためでもあります。また、力強い動きをする場合には、大きな運動単位（1本の運動神経が多くの筋線維を支配している）が動員されます。このことをサイズの原理といいます。

このように力を発揮するときには、筋の性質としてタイプⅠ線維から動員するという順序があります。ジョギングのようなゆっくりとした速度では、小さな運動単位がタイプⅠ線維を動員させ、速く走っているときにはタイプⅡ線維を動員させているのです。これは、疲労しやすいタイプⅡ線維の活動を温存するためと考えられています。

## 運動能力は素質？

スポーツ競技全般でよく問われる「運動能力に素質はあるのか」について、お答えするならばズバリあると言えるでしょう。その理由はこの筋線維組成と関係が深いようです。複数組の一卵性双生児の筋タイプの割合を調べたところ非常に似通っていることから、遺伝的な要因が強いことがすでにわかっています。スポーツ活動において小さいときから短距離走が速いことや力強い運動が得意な人は、比較的その得意な種目を選択し好む傾向にあり、逆にマラソンのような持久力種目を嫌う傾向にあるのではないでしょうか。

このような人は恐らく筋線維のタイプⅠとタイプⅡの割合は、タイプⅡ線維が多くみられることでしょう。そして持久的な競技が得意な人は、力強い運動を好まない傾向にあるのはタイプⅠ線維が多くみられることが考えられます。筋線維組成によって感覚的に種目を選択している可能性が考えられるでしょう。

一般の人の多くの筋線維組成は、タイプⅠ線維とタイプⅡ線維の割合は50％ずつになっています。男女によってもあまり変わりありません。しかし、能力の高いスプリンターやパワー発揮を求められる競技者の筋では、タイプⅡ線維が70％（タイプⅠ線維30％）の割合を占めるなど偏って

第 1 章　ランナーのための生理学

## 7 ランナーの筋肉 その種類と特徴

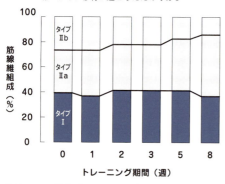

図 1-7-1　持久系トレーニングによる筋線維組成の変化

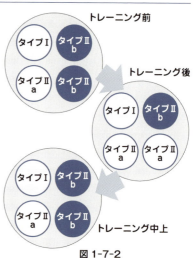

図 1-7-2
持久性トレーニングによる
筋線維タイプの移行

いる人が多いのです。逆に能力の高い長距離ランナーや持久系の競技者には、タイプⅠ線維が70％（タイプⅡ線維30％）の割合を占める人が多くみられるのです。

このようなことから競技と筋線維は関係が深く、筋タイプは種目の決定や能力を大きく左右すると言えるでしょう。

### トレーニングにより筋線維タイプの変化はあるのか？

筋線維は、タイプⅠとタイプⅡに大別されますが、これまで数多くの研究の中では、この両者のタイプ移行、変化はないと考えられています。では、トレーニングによる改善は何なのかを不安に思ってしまうのではないでしょうか。そこでより細かな筋線維の仕組みを解説してその疑問を解いていきましょう。

2つのタイプは不変ではありますが、持久性トレーニングを実施することにより持久力が備わる理由は、実はタイプⅡ（速筋線維）のサブタイプである「タイプⅡa」に秘密があるのです。タイプⅡの筋線維の性質でもタイプⅡaはタイプⅡbより持久性があることは述べましたが、持久性トレーニングにより、タイプⅡ内でタイプⅡbからタイプⅡaへタイプ移行が起こるのです。元々の速筋線維の収縮速度が速く大きな力を出せる特性は維持され、持久力が備わり非常に優れた筋線維が出来上がることになります。そのようなことから必然的にパフォーマンスは上がっていくことがわかっています（**図 1-7-1**）。

しかし、トレーニングによってタイプⅡbからタイプⅡaに変化した場合、持久力が高まることになりますが、トレーニングを継続的に行わなかった場合には、また元の筋線維タイプに戻ってしまいます。故障などによるトレーニングの中断などで休んでしまうと、調子が戻るのに休んだ期間が長いほどかかってしまうのは、このことからも言えるでしょう（**図 1-7-2**）。

第 1 章　ランナーのための生理学

# 8 ランナーの筋肉トレーニングを考える

中長距離といっても、世界の一流ランナーたちはスプリンター並みの速さで走るので筋肉強化に取り組んでいます。ペースランニングなどの有酸素トレーニングで高めた能力を下げることなくランニングで発揮するためには、筋肥大を起こさないやり方で筋肉群を強化することが大切です。たとえば、プライオメトリクストレーニングは、筋、腱、神経の機能を向上させ、筋肥大を起こさないという特徴があり、中長距離ランナーに適したトレーニングとして注目されています。

## 脚が細いのになぜ速い？

筋力は筋断面積に比例していることから、単位断面積あたりの筋力はほぼ一定と考えられています。では、なぜ世界の一流中長距離ランナーの多くがすらりと長くて細い脚の持ち主であるのにもかかわらず、速いスピードを維持して走り、さらにラストスパートでは考えられないほどのキック力を発揮できるのでしょうか。

その理由として考えられるのは、一つは第1章7で述べた筋線維との関係です。またもう一つは、筋肉の特異的な発達です。長い脚という見た目によって気づきにくいかもしれませんが、よく見ると股関節周辺の中でも特に大腿部（太腿の付け根部分）と臀部が太く、よく発達しているのがわかります。

その他、一流長距離ランナーは神経系の機能が発達していることも考えられます。第1章7で紹介しましたが、神経系の機能が高く、運動単位が多く動員されて、しかも複数の筋が同時に動員されるのだと考えられるでしょう。

## 筋力トレーニングは競技力を低下させてしまう？

速く走るためには、もちろんそれなりの筋力が必要になります。しかし、中長距離ランナーが筋力トレーニングを行って筋肉

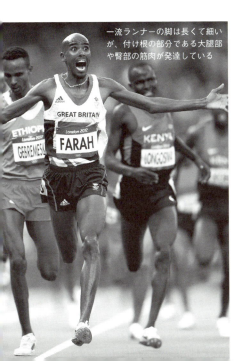

一流ランナーの脚は長くて細いが、付け根の部分である大腿部や臀部の筋肉が発達している

## 8 ランナーの筋肉トレーニングを考える

を肥大させてしまうと、競技力の低下につながってしまうことに注意しなければなりません。

筋肉の細胞内にはエネルギーを産生するミトコンドリアが存在しています。また、筋細胞の間を毛細血管が張りめぐっています。中長距離ランナーは、有酸素性トレーニングを繰り返すことで毛細血管が発達し、筋肉を取り巻く毛細血管数が増え、ミトコンドリア密度も高くなっていきます。それによりエネルギー産生に必要な酸素を、より多く筋肉細胞に送り届けることができ、有酸素性のエネルギー供給をすることができます。

しかし仮に、現在の状態から筋肥大を起こすようなトレーニングを行い、筋肉だけが肥大し、毛細血管の数とミトコンドリアの密度が変わらなければ、どうなるでしょうか。毛細血管の密度は低下することになります。つまり、筋を肥大させると筋肉細胞に酸素を届ける供給率が下がってしまうのです。それは有酸素性能力の低下を意味します。

したがって、中長距離ランナーの筋力トレーニングでは、いたずらに筋肉を肥大させないように注意する必要があります。では、中長距離ランナーにとって筋力強化はどのように考えればよいのでしょう。

### 筋肥大を起こさずパフォーマンスアップ

近年、中長距離ランナーにとってプライオメトリクストレーニングの有効性が取り上げられるようになりました。

プライオメトリクストレーニングとは、筋を伸張させて、すぐに短縮させるような運動を繰り返すことをいいます。このような動きを行うことは、筋、腱、神経の機能を向上させ、多くの筋線維を動員されるようになります。しかも筋肥大は起きにくいのです。

プライオメトリクストレーニングをランニング中の動きと重ね合わせると、接地した際、地面に対して力を加える速度を高め、短時間で力強い筋活動が可能になることとつながっています。この一連の動きを改善することができれば、キック力はもちろんのこと、結果的にランニングエコノミー（経済性）を高める効果が期待できる、と考えられています。

動きの例として、高いところから飛び降りて、地面に接地後すぐにまた飛び上がるような動きがそれにあたります。よく跳躍選手や短距離選手が行っているボックスを使って飛び降りてジャンプなどをしている運動です。ボックスの高さによって負荷が高まりますのでこれまで行っていない人には筋、腱を痛める危険性があります。また、日々の持久的トレーニングの妨げにならないためにも自重を使ったトレーニングをお勧めいたします。

### トレーニングの際の注意点

下肢の筋力はもちろんですが、それだけでなく体幹部分の筋力が不足していては、正しいフォームで実施できずトレーニング効果が半減します。次章（第 2 章 12 参照）で紹介する体幹トレーニングを行って、基礎的な筋力をしっかり身につけてから行ってください。

# 第 2 章
## さまざまなトレーニング

第2章　さまざまなトレーニング

# 1 トレーニングの原則

　競技力を向上させるためには、トレーニングは欠かせないもの。そのトレーニングを行う上で7つの重要な原則があります。「しっかりトレーニング計画を立て、それに沿って一生懸命に練習をしているのに、能力がなかなか向上していない」といった悩みを持つ人も多いと思います。こういった人たちは、7つの原則に沿ってトレーニング進めていくことで、悩みが解決できるかもしれません。体の生理機能や、運動することで起きる体の変化などについての基礎知識を持った上で、トレーニングを進めていくことはとても重要です。このトレーニングの原則は、陸上競技に限らず、すべてのスポーツに共通するトレーニングの極意といえるものです。しっかりと理解し、トレーニングに生かしていきましょう。

## 全面性の原則

　中長距離走のトレーニングでは、持久力、スピード、筋力、柔軟性など、必要となるすべての能力を、バランスよく鍛えることが大切です。偏ったトレーニングを行うと、それに沿った諸器官へしか刺激を与えられず、目指す種目のパフォーマンスは向上していきません。

　たとえば、通勤ランをしている市民ランナーは、いつも同じ通勤コースを、同じようなペースで走っていることがよくあります。その距離に対して体が慣れてしまうと、だんだん楽に走れるようになります。しかし、それ以上の能力向上は見込めず、レースでは目標としているタイムに届かないなど、伸び悩んでしまうのです。

　通常の通勤ランでは、スピード能力を向上させるような、速筋線維を動員させるランニングは行われません。また、心肺機能に大きな刺激を与えることで、酸素を利用したエネルギー供給機能を向上させるようなことも行われません。

　いつも同じ距離を、いつも同じように、ゆったりしたペースで走っているだけでは、中長距離のレースで必要とされるさまざまな要素を、強化することができません。いつも同じことを繰り返しているだけでは、ランナーとしての能力は、十分に向上していかないのです。

競技に対する意欲が高い人ほど、トレーニング効果は上がる（＝意識性の原則）

ランナーとしての能力を効率よく向上させるには、スピード、スタミナ、筋力、柔軟性などを、バランスよくすべて鍛えることが必要になります。これが「全面性の原則」です。

通勤ランを行う市民ランナーだけでなく、中学生や高校生の陸上競技部のトレーニングでも、バランスよくそれぞれの能力を強化できているかどうかわかりません。見直してみる必要があるでしょう。

全面性の原則に沿ったトレーニングを行うためには、トレーニング内容に変化をもたせることはもちろん、トレーニング場所にも変化をもたせるとよいでしょう。トラックやクロスカントリーコース、上り坂、階段を使用するなど、路面にさまざまな変化をつけていくことも勧められます。それにより、筋力や平衡感覚なども鍛えられ、より全面的に能力を向上させることができます。

## 個別性の原則

同じチームのランナーでも、男女の性差はもちろんのこと、年齢や学年の違いにより、体力には大きな差があるのが普通です。また、スタミナのあるタイプ、スピードのあるタイプなど、いろいろなタイプのランナーがいるはずです。

このように体力や特性が異なるランナーが、そろって同じトレーニングをしていたのでは、大きな効果は得られません。効果的なトレーニングにするためには、トレーニングの量や強度を考慮して、個々に合ったものにすべきなのです。これが「個別性の原則」です。

しかし、実際には、中学・高校の陸上競技部やさまざまなチームの中で、一人一人に合わせたオーダーメイド的なトレーニングを組むことは難しいでしょう。そこで、

図2-1-1 トレーニングの原則

競技レベルに合わせ、メンバーをいくつかのグループに分けてトレーニングを行うようにします。

このグループ分けは、固定化する必要はありません。「得意なスピード練習はAチーム、苦手な距離走はBチームで」というように、内容によってグループを変えたほうが、より個別性を重視したトレーニングになります。特に高校生など、トレーニングをすることで成長につながることが理解できる年代では、自身の体調に合わせて選択することは、考える力を養うことになるでしょう。

## 意識性の原則

何を目的に、どの機能を鍛えているのかはとても重要です。意識しながらトレーニングしていくことの大切さを「意識性の原則」では説いています。

筋肉は脳から使いたい部位に対して指令を出します。それは神経を伝わって筋線維を刺激することで力を発揮しています。一つの神経が多くの筋線維へつながっていることは重要であり、意識して行うことは、神経がより多くの筋線維へつながることになるのです。

たとえば、体幹トレーニングであれば、

# 第2章 さまざまなトレーニング

## 1 トレーニングの原則

どこを鍛えているかを意識します。地面からの反力を得るために使う筋肉を強化するのであれば、そこを意識しながらトレーニングを行うのです。そうすることで、狙った部位が動員されトレーニング効果が得られるのです。

トレーニング中は、鍛えるべき部分に注意を向けたり、目的に合った動きをするように意識したりすることが求められます。

スピード練習であれば、使いたい大きな筋肉を意識的に動かせているか、腕をリラックスさせて癖のないよう前後に振れているか、といったことを意識します。

ハードなトレーニングを行うときには、そのようなことに意識を向けることはできません。しかし、強度が低いトレーニングを行うときに、きちんと意識することを心がけていれば、強度が高いトレーニングでも、理想の動きができるようになっていきます。

また、目的意識がはっきりしている人や、競技に対する意欲が高い人ほど、トレーニングの効果は上がります。特に持久力を養うトレーニングにおいては、生理的な限界よりも心理的限界が先にきてしまう傾向にあります。そのため、集中力を高めて意欲的にトレーニングを行うことが、効果的な能力向上につながるのです。

### 特異性の原則

トレーニングを行ったとき、体の働かせた部位に対してのみ、その効果が得られることです。

たとえば5000m走の目標タイムが15分00秒の場合、その速度（20km/h）で走ることは、必要な筋活動をさせることになります。特に動きに対しては、実施した関節角度に対して力を発揮することで、その部位が強化される特異的な要素があります。

心肺機能においても同様です。目標レベルの負荷をかけることにより、使った器官（心臓、肺など）がその効果を得ることができるのです。

### 漸進性の原則

同じ負荷のトレーニングを継続して行っていると、それを容易にこなせるようにはなりますが、それ以上の効果を得ることはできません。そのため、より上のレベルを目指すのであれば、能力の向上に合わせて、少しずつ負荷を高めていくことが必要になります。

ギリシャ神話に青年ミロが成長していく牛を抱え続けて力強くなっていった有名な話がありますが、少しずつ負荷をかけていくとその能力は向上していくのです。これが「漸進性の原則」です（**図2-1-2**）。

トレーニングの負荷を高める方法として

**図2-1-2**
**漸進性の原則を表すギリシャ神話「ミロの子牛」**

は、設定タイムを上げる、距離を延ばす、繰り返しの本数を増やす、リカバリーを短くするなど、方法はいくつかあります。どの方法を採用するとしても大切なのは、少しずつ負荷を上げていくことです。トレーニング後に、体の疲労の度合などを確認することも必要です。

そして、トレーニングの強度を、「少しきついが、これならできそうだ」という範囲におさめるようにします。このように、適切に負荷のレベルを上げていくためには、日々のトレーニングの設定を慎重に行い、それをきちんと記録していくことが非常に重要です。

## 継続性の原則

いろいろなトレーニングの方法を、簡単に知ることのできる時代になりました。しかし、得られた情報を鵜呑みにして、次々と新しいトレーニングに取り組み、それを短期間だけ実施しても、大きな効果は期待できないでしょう。どんなに画期的なトレーニングでも、すぐに効果に結びつくということはありません。効果を得るためには、そのトレーニングを継続させていくことが必要だからです。これが「継続性の原則」です。

特に中長距離走という種目は、繰り返しトレーニングを行っていくことで、着実に能力が向上していきます。それは多くのランナーが、実感しているのではないでしょうか。継続することで、初めて効果が得られるのです。

一方、足の故障などでトレーニングを継続できなくなると、能力向上を妨げる大きな要因となってしまいます。たびたび故障を起こす人は、どうしても伸び悩むことになります。なぜ痛めるのか原因を究明し、改善することが必要です。

トレーニングは、単に鍛えればいいというものではありません。休養も大切です。トレーニングで疲労した体のさまざまな機能を回復させてから、新たなトレーニングへと移行していくことが大切です。休養を組み合わせたサイクルを一つのセットと考え、トレーニングを継続できるようにすべきでしょう。

こうしたさまざまな努力の先に、目標達成があることは言うまでもありません。

## 収穫逓減性の原則

上述したトレーニングの原則に従い、トレーニングを進めていくことは目標としているレベルに近づくことでしょう。しかし、トレーニングを長く続けていくと効果の伸び率は次第に低下していきます。ベテランランナーの伸び悩みもそれにあたります。これが、「収穫逓減性の原則」です。

トレーニングの量、強度をいくら上げても効果が得られない経験がある方は多いのではないでしょうか。それによって故障を招くことは避けたいものです。

このようなことから適切な量、強度のトレーニングを実施し、少なくても効果を的確に得ることが大事です。また、新しい方法のトレーニングを取り入れることは、体にとって新たな刺激を与え、能力向上につなげていく意味も含まれています。

たとえば、現在の日本男子マラソン界のように、トップが2時間9分前後のタイムで停滞しているのは、従来のトレーニング内容（特に量）による能力向上を未だに継続していることにあるのではないでしょうか。

しかし、世界のスピード化は待ってはくれません。この原則の観点から、新たなトレーニング方法の開発が必要な時期に来ているといえるでしょう。

第 2 章　さまざまなトレーニング

# ランナーの<br>フォームの基本

　ランニングという運動は、ランナーが路面に力を加え、その反力を利用することで可能になります。路面に加える力が大きいほど、ランナーの体が得る反力も大きくなり、速く走ることができるのです。ただし、スピードを生むためには、路面から得た力を無駄なく推進力に変える技術と、正しいランニングフォームが必要になります。また、ストライドを延ばすことも、スピードの獲得に役立ちます。接地に関しては、スピードを得るためにも、脚への衝撃を軽くするためにも、前足部接地やフラット接地を考えていきましょう。

## 接地期と離地期の体の使い方

　ランニングの動作は、「接地期」と「離地期」という2つの局面に分けることができます。接地期は、どちらかの足が路面に接している局面を指します。離地期は、両方の脚が路面から離れている局面を指しています。歩きでは、どちらかの足が必ず路面に接していますが、両足が離れる局面があるのがランニングの特徴でもあります。

　接地期と離地期に、ランナーの体は次のようなことを行っています。

● 接地期

　前方に振り出された脚が路面に接した瞬間、接地脚に体重がかかることで、足首の関節、膝関節、股関節が、軽く屈曲していきます。このとき、足首の関節が曲がることで下腿三頭筋が引き伸ばされ、膝関節が曲がることで大腿四頭筋が引き伸ばされ、股関節を動かすことで臀筋が引き伸ばされます。

　これらの筋肉は、軽く引き伸ばされた後、その反動を利用して一気に収縮します。それによって、足関節、膝関節、股関節が伸展され、路面を押すように力を加えることになります。筋肉はいったん引き伸ばされてから収縮させると、反射的に力を発揮します。それを利用して路面に力を加えるのです。路面を押した脚は、同じ大きさの反力を受け取ります。その力が、体を空中に

中長距離走では路面からの反力を推進力に換える技術とランニングフォームが不可欠

**接地期**

接地の瞬間
足首軽度屈曲→下腿三頭筋伸張
膝関節軽度屈曲→大腿四頭筋伸張
股関節軽度屈曲→臀筋伸張
⇨筋肉の伸張作用により反射的に筋力を発揮して路面をプッシュ
⇨路面反力が前方に進める推進力になる

**離地期**

地面への蹴り出し→腸腰筋伸張
⇨前方への素早い脚の引きつけ
⇨前方への素早い脚の振り出し
⇨路面への脚の振り下ろし

前後への腕振り
⇨体のバランスを維持する
⇨路面から得た力の方向を決める

図2-2-1　ランニングフォーム

浮かせ、前方に進める推進力として利用されます。

●離地期

　脚が路面を離れると、反対側の脚が前方に振り出されます。そして、その直後から、脚を切り替える動作が始まります。路面を蹴り出した脚は、腸腰筋が伸ばされてその反動により素早く前方に引きつけられ、前方に振り出された脚は、接地に向かって振り下ろされます。

　こうした脚の動きに合わせて、腕も前後に振られます。腕振りは、体のバランスをとることと、路面から得た力の方向性を決める役割を果たしています。腕が横方向に振られていると、エネルギーが前方に向かわず、推進力を低下させることになってしまいます。

　垂直跳びを行うときには、腕を上に振り上げることが、より高く跳ぶことに役立ちます。それと同じように、推進力を無駄にしないためには、体の進むべき方向に沿って腕を振ることが大切です。また、体に無駄な力が入っていてはいけません。特に離地期は、上体が十分にリラックスしている

## 2 ランナーのフォームの基本

ことが大切です。

### 速く走るにはストライドを延ばす

ランニングの速度は、ストライド（1歩の長さ）と、ピッチ（一定時間内の歩数）で決まります。ゆっくりしたランニングから徐々にスピードを上げていくと、ストライドが延び、ピッチが増えます。

ところが、ピッチはあるところまで増加すると、もうそれ以上は増やせなくなります。その状態から、さらにスピードを上げるためには、ストライドを延ばさなければなりません。したがって、速く走るためには、ストライドを延ばすことが重要になります。

ストライドを延ばすためには、次の2つの要素が重要です。

一つは柔軟性です。のびやかなストライドを生み出すためには、股関節や足首の関節の柔軟性が必要になります。柔軟性を身につけるためには、ウォーミングアップで十分にストレッチを行い、関節の可動域を広げておくとよいでしょう。

もう一つは強い脚筋力です。路面を押す力が強いほど、大きな反力を得ることができ、それが推進力として利用されます。脚筋力を強化するためには、ヒルトレーニングなどを行うのが効果的です。

速く走ろうと、無理にストライドを延ばそうとしてはいけません。フォームに力みが生じますし、着地でブレーキがかかってしまうこともあるからです。

ランニングに必要な筋肉をうまく使い、それ以外の部位はリラックスしている必要

ヒルトレーニングによって大きな路面反力を得るために必要な強い脚筋力を養う

○ 前足部・フラット接地
前足部が接地した後、腓腹筋が引き伸ばされることで、接地衝撃が吸収されるとともに、筋の伸展から続く収縮によって効率よく路面に力を加えられる

✕ かかと接地
かかと接地した後、体重を前方に移動させて蹴り出すまでに時間がかかり、スピードが出にくい。後足部の衝撃が高まり故障を招きやすい

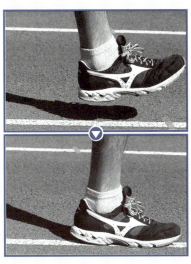

図2-2-2　ランニングにおける接地の方法

があります。このようなフォームを実現させるには、よく強化された体幹が欠かせません。体幹を強化すれば、動作における重心の位置を安定させる軸が作られ、無駄に力を使う必要がなくなるからです。力みがなく、十分にリラックスしたフォームは、ランニングの効率を高めるのにも効果的です。

## 前足部接地かフラット接地が合理的

　ランニングにおける接地方法は、前足部から接地するもの、かかとから接地するもの、その中間型である「フラット接地」の3つに分類できます。
　一般的に、ランニング速度が上がるほど、足の前側で接地するようになります。短距離ランナーが履くスパイクシューズは、かかとがあまり接地しないことを前提に作られており、速く走るためには、かかとを接地している時間がありません。そのため、スピードが上がるほど、前側での接地となるのです。
　中長距離ランナーには、前足部接地のランナーも、フラット接地のランナーも、かかと接地のランナーもいます。長い距離を走る場合、前足部での接地を維持できなくなり通常よりもかかとよりの接地になっていきます。
　ただし、かかとから接地すると、体重を前方に移動させて蹴り出すまでに、時間が長くかかってしまいます。そのため、どう

第 2 章　さまざまなトレーニング

## 2 ランナーのフォームの基本

○ つま先が前を向いている

✗ つま先が外を向いている

図 2-2-3　接地時のつま先の向き

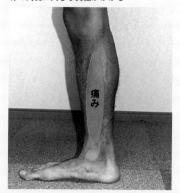

つま先が外側を向いていると脛骨の内側に大きな負担がかかる

図 2-2-4　シンスプリント（内側）

してもスピードが出にくいのです。

また、かかと接地では衝撃が大きくなるという問題もあります。シューズを履いて舗装道路を走る場合でも、接地の衝撃は体重の2〜4倍になるといわれています。かかと接地では、その衝撃をもろに受けてしまい、それが故障の原因になることがあります。

その点、前足部接地では、前足部が接地した後、腓腹筋が引き伸ばされていく過程で、接地衝撃が吸収されます。そして、伸展された筋肉をタイミングよく収縮させることで、大きな力を使わなくても、効率よく路面に力を加えることができるのです。フラット接地の場合にも、これに近い体の

使い方になります。

ケニアやエチオピアなど東アフリカのランナーは、多くが前足部接地で走ります。これは、幼少時に裸足でランニングしていたことが、関係していると考えられています。裸足で走る場合、かかとから接地すると衝撃が大きいため、必然的にダメージの小さい前足部接地になるというものです。

もちろん、ランニングフォームは、ランナー一人一人の骨格などとも関係があるため、みんな同じでなければならないということはありません。しかし、故障を防ぐためには極端なかかと接地ではないほうがいいでしょう。中距離ランナーなら前足部接地、長距離ランナーなら前足部接地かフラット接地が合理的だと言えます。

## 足の向きや頭の位置にも注意する

路面に着いた足は、つま先がまっすぐ前を向いているのが理想的です。つま先が内側を向く人はあまりいませんが、大きく外側を向いてしまうランナーは多いので、そのような方は直すことを勧めます（図2-2-3）。

つま先が外側を向いていると、脛骨の内側に大きな負担がかかります。それが、シンスプリントや脛骨疲労骨折などの障害につながることがあるのです（図2-2-4）。

ランニングフォームでは、頭の位置がどこにあるかも重要です。頭は体の中で最も重い部位なので、重心の位置に大きな影響を及ぼしてしまいます。

頭の位置が後ろすぎると、上体が後傾し、重心が後ろに残ってしまいます。理想的なのは、上体が軽く前傾し、その上に頭が乗る姿勢です。頭だけ前に出そうとすると、下を向くことになり、気道が塞がって呼吸の妨げになってしまいます。気道を確保するためには、目線を5～10mくらいに向けるとよいでしょう（図2-2-5）。

図2-2-5 ランニング時の頭の位置

第2章　さまざまなトレーニング

# 3 正しいフォームづくり

　ランニングフォームの改善は、スピードアップにつながるだけでなく、ランニングエコノミーを向上させることで、エネルギーを節約することにもつながっています。フォームづくりのポイントは2つあります。一つは、接地時に路面から得る反力を無駄なく利用するため、体にしっかりした軸を作ること。もう一つは、脚の切り替えを素早く行うことです。前側の脚が接地したとき、後ろ側の脚の膝が、接地脚のすぐ近くまできているのが理想的切り替えのタイミング。簡単な動きづくりなので、継続的に行いポイントがつかめるようにしましょう。

## 正しいフォームが必要な理由

　中長距離のレースを速く走るためには、有酸素能力や無酸素能力をアップさせるなど、体の生理機能を変化させることも大切ですが、それに加え、走るための体の動きであるランニングフォームを、改善していくことも大切です。

　ランニングフォームの改善は、スピードの向上につながります。今現在の筋が発揮できる力には限りがありますから、それをより合理的に使うことで、より速いスピードで走ることが可能になります。

　近年の世界レベルの選手たちのレースを見ていると、5000mや10000mのレースでも、ラスト1周になると、中距離レースどころか、まるで短距離レースのようなスピードで疾走します。たとえ長距離ランナーであっても、より高いスピードを出せるランニングフォームを身につけておくことは大切です。

　では、スピードを出すために正しいフォームを身につけるためには、どうすればよいのでしょうか。ポイントは2つ、「体に軸をつくる」ことと、「脚の切り替えを素早くする」ことです。

## 軸をつくり重心を意識する

　人間が走るとき、最も大きな力を発揮しているのは、路面に接している脚（支持脚）

しっかりした軸を作ること、脚の切り替えを早くすることがフォームづくりのポイント

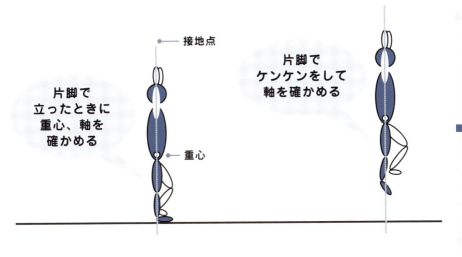

**図 2-3-1　体の軸の確かめ方**

です。走るという動作は、路面に力を加え、その反力を得ることで成り立っています。1歩1歩、路面に力を加え、その反力を受け止めながら体を前方に進めていくのが、ランニングという運動です。

したがって、路面からの反力を無駄なく利用することが必要になります。そのためには、脚が接地し、路面に力を加えた瞬間、体にしっかりした軸ができていなければなりません。軸ができていないと、路面からの反力を受け止めることができず、反力を走りに生かすことができないからです。

たとえば、リレーで使用するバトンを縦にして、オールウェザートラックに落とすと、どうなるでしょうか。トラックに接地した瞬間、バトンは重力によって路面に力を加えることになり、同時にトラックからの反力を得て跳ね上がります。

バトンの硬い材質によりそれが軸となり跳ね上がりますが、落ちた瞬間、ぐにゃりと曲がってしまうような材質だったら、そうはいきません。トラックからの反力が分散してしまい、跳ね上がるという現象は起きないのです。

ランニングフォームで最も基本となるのは、接地して路面に力を加えた瞬間、支持脚（接地している脚）が上半身と一直線になっていることです。それが軸となり、路面からの反力をしっかりと受け止めるのです。

この感覚を身につけるためには、次のようなことを行ってみるとよいでしょう。

まず片脚で立ち、接地している側の腕をまっすぐ上に挙げて、体に軸をつくります。このとき、腹部周辺や臀部の筋肉に力が入っているのが感じられるはずです。力が入っていないと、反力を受け止めるための軸ができません。

次に、その姿勢のまま片脚で軽くジャンプしてみます。片脚のケンケンです。接地の衝撃が、頭のてっぺんや、挙げた手の指先まで伝わるようであれば、体に軸ができています（**図2-3-1**）。

衝撃が伝わってこない場合には、しっかりした軸ができていないため、路面からの反力が分散しているのです。その原因とし

第2章　さまざまなトレーニング

## 3 正しいフォームづくり

前後の脚の切り返しが速いランナーでは、接地した瞬間に、支持脚のすぐ後ろに回復脚がある

この姿勢はランニングフォームの基本中の基本です。毎日の練習前や、練習の合間のちょっとした時間に、筋に刺激を入れてしっかりと軸ができているかどうかを確認していくといいでしょう。

### 脚を素早く切り替える

次は、前後の脚を素早く切り替えることについて考えます。国内外の一流ランナーの走りを見てみると、後ろにある脚が素早く振り出されているのがわかります。見るポイントは、前に振り出された脚が接地した瞬間、後ろにある脚（回復脚）の膝がどこにあるかです。

一流ランナーの場合、回復脚の膝は、接地した脚（支持脚）のすぐ後ろにあります。回復脚を素早く前に出しているからです。それによって、支持脚と回復脚の切り替えが、早いタイミングで行われることになります（図2-3-2）。

ては、猫背になっていたり、体が反っていたりするために、体が一直線になっていないことが考えられます。そういった点に注意しながら、衝撃が頭のてっぺんや指先にまで伝わる姿勢をつくってください。

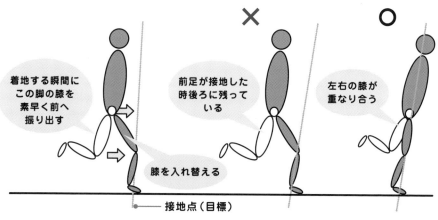

図2-3-2　脚の切り替え意識する

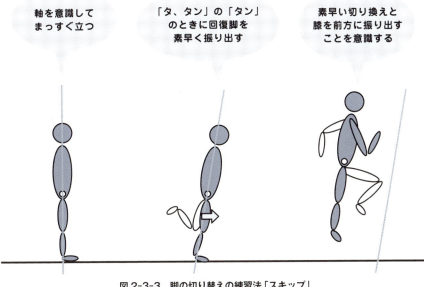

図2-3-3　脚の切り替えの練習法「スキップ」

　このような素早い脚の切り替えが、子どものときから自然にできている人もいます。しかし、多くのランナーでは、特にスピードに自信のない方はできていないように思います。

　切り替えが遅いランナーの場合、接地した瞬間に、回復脚の膝が支持脚よりかなり後ろにあります。そのため、重心が接地点より後ろに残ってしまいます。いわゆる腰が落ちた状態になっているのです。これではスピードは出ませんし、地面に対する力が分散してしまいます。

　走行中に気をつけるポイントは、膝から下は力を抜いて、支持脚が接地した瞬間に回復脚が支持脚を追い越すイメージを持つことです。この切り替えをより素早くする練習として、スキップを行うとよいでしょう。軸を意識してまっすぐに立った姿勢から始めます。リラックスして腕を振りながら、「タ、タン」というタイミングで接地しながら、「タン」のときに、回復脚を前方に振り出すようにするのです。接地した瞬間に、素早く切り替えるのがポイントです。また、腕も連動させて素早く振ることが求められます。

　ここで注意ですが、回復脚の膝を上向きに振り上げ過ぎると、体が上方に浮いてしまうので、前方に振り出す程度でかまいません。また、切り替えのタイミングを身につけるためのスキップなので、スピードは上がってしまうかもしれませんが、左右の膝が重なるよう意識することです（**図2-3-3**）。

　このスキップも、練習前や練習の合間に行うことができます。すぐにできなくても、何度も繰り返すことによって、体がその動きを覚えていきます。正確さを意識して、毎日の練習に取り入れるようにしましょう。

第 2 章　さまざまなトレーニング

## 4 トレーニングの種類①
# ペースランニング

ペースランニングとは、ある一定のペースで長い距離を走るトレーニングです。このトレーニングを行う一番の狙いは、血液中の乳酸値が急に高くなるLT値を向上（乳酸の遅延効果）させることにあります。LT値の出現が遅くなれば、その分速く走っても乳酸値の上昇が抑えられるため、レースでもこれまでより速いペースを維持できるようになります。ただし、LT値を向上させるためには、ペースランニングを適切なペースで行う必要があります。最高心拍数の80～90%相当で、一般的に考えられているペースランニングより速いと考えられます。少しきついと感じるペースが適切です。

## LT値を向上させる意義

ビルドアップ走のように、徐々にペースを上げていくランニングをイメージしてください。ゆっくり走っているときは、まったくつらくありません。少しペースが上がったくらいであれば快適に走れるはずです。しかし、そのままペースを上げていくと、徐々につらくなってきます。呼吸が荒くなり、最後はそのペースを維持できなくなってしまいます。

このとき、体の中ではどのようなことが起きているのでしょうか。血液中の乳酸値を調べ、それをグラフにすると、興味深い形が現れてきます。横軸にランニング速度、縦軸に血中乳酸値をとったグラフです（図2-4-1）。

ゆっくり走っているときの乳酸値は、低い値に抑えられています。少しペースが上がっても、乳酸値は低いままです。ところが、どんどんペースが上がっていくと、ある速度に達したところで、乳酸値が急上昇を始めるのです。これが感覚的に「少しきつい」と感じられる速度です。さらにペースが速くなると、乳酸値はどんどん上がっていきます。

この乳酸値が急に上昇を始めるポイントを乳酸性作業閾値（LT値）と呼んでいます。乳酸が増えるのは、ランニング速度が上がることで、糖によるエネルギー産生（解糖

ペースランニングを適切なペースで行うことができればLT値の向上が期待できる

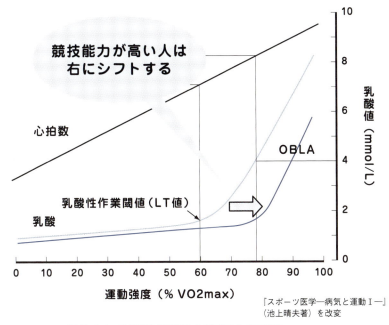

図 2-4-1　乳酸性作業閾値および OBLA の求め方

系）の割合が増えるためです。

　乳酸がたくさん増えると、結果的に筋肉の収縮が妨げられてしまいます。そのため、きついと感じるようになり、最終的にはペースを維持できなくなってしまうのです。

　LT 値はランナーの能力の指標ともなります。たとえば、LT 値が 1km 3 分 30 秒ペースにあるランナーは、それより速いペースではきつく感じられ、長く走り続けることができなくなります。ところが、LT 値が 1km 3 分 20 秒ペースに向上すれば、それだけ速いペースで走っても乳酸値は高くならず、それを維持できるようになります。

　実際のハーフマラソンの距離以下の種目では、LT 値を超えたペースで走ることになります。1500m のような中距離レースはもちろん、5000m、10000m では LT 値を超えたペースでレースは展開されま

す。しかしそのような状態でも LT 値が向上すれば、有酸素性エネルギーの供給の割合が増えて糖を節約することになります。

## LT 値を向上させるトレーニング

　LT 値を向上させるのに最も適したトレーニングがペースランニングです。なぜそうなのかを説明しましょう。

　乳酸は疲労物質などと呼ばれることもありますが、実はそうではなく、エネルギー源としても利用されています。LT 値を示すグラフを見ると、LT 値以上のペースで走ったときにだけ、乳酸が作られるように思えるかもしれません。しかし、実際には、もっと遅いペースで走っているときから、解糖系エネルギー産生は行われ、乳酸は産生されているのです。しかし、その乳酸はすぐに有酸素性のエネルギー源として再利用され、走るためのエネルギーとして使わ

## 4 トレーニングの種類① ペースランニング

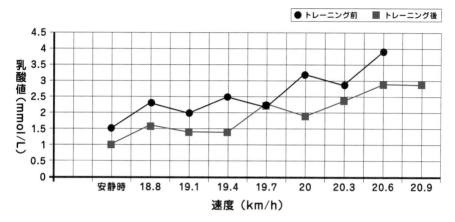

**図2-4-2　村山紘太選手の乳酸値の変化（トレーニング前とトレーニング後の比較）**

れてしまいます。そのため、血中乳酸濃度は高くならないのです。

ただ、一定時間内に有酸素的に処理できる乳酸の量には限界があります。そのため、産生される乳酸の量がそれを上回ると、乳酸が血液中に増量してくることになります。このポイントがLT値なのです。

したがって、LT値を向上させるためには、乳酸を有酸素的に処理する能力を高めていくことと、なるべく乳酸を産生しないで走れるようにすることが必要になります。それには、「LT値付近のペースで行うペースランニング」が有効です。

このペースで走ると、乳酸が作られますが、その乳酸は有酸素的にどんどん処理されていく状態になります。この処理能力が高まることで、今までより速いペースで走っても、乳酸値が上がらなくなるのです。

また、長い時間走り続けることで、エネルギー源として脂肪の利用が高まります。脂肪は乳酸を生み出さないため、脂肪を使えるようになることも、乳酸値の上昇を防ぐのに役立ちます。

このようなことが起こるため、適切なペースでペースランニングを行うことにより、LT値を向上させることができるのです。

**図2-4-2**は村山紘太選手の走行中の乳酸値の変化を表したものです。トレーニング前と比べてトレーニング後では明らかに乳酸の産生量に変化が出ているのがわかります。速度が上がっても乳酸が産生されないのは糖が使われずに酸素によるエネルギー供給の割合が多くなっていることを示しています。実際の試合でもこのデータを裏付けるように20kmレース（箱根駅伝予選会）では58分26秒で走っています。

## 自分に合ったペースで行う

LT値の向上を目的にするのであれば、ペースランニングは適切なペースで行う必要があります。現在のLT値付近のペースです。

LT値は、徐々にペースを上げて走り、そのときの乳酸値を調べることで明らかになります。しかし、多くのランナーは、このような測定を受けることができません。そのような場合には、レースのタイムから、自分のLT値を推測するとよいでしょう。

　ハーフマラソンや20kmレースを走ったことがあるランナーなら、そのレースペースがLT値に近い速度になります。そのLT値付近のペースでペースランニングを行うといいのです。

　高校生の場合は、ハーフマラソンの経験がないと考えられます。そこで、5000mの自己ベストタイムから、ペースランニングにふさわしいペースを設定してみました（**表2-4-1**）。

　このペース設定は、通常行っているペースランニングよりもかなり速いと感じられるかもしれません。5000mの自己ベストが14分台後半〜15分台前半のランナーであれば、1km3分30秒程度のペースで行っていることが多いように思われます。しかし、そのトレーニングではLT値の向上には少し強度が足りないのです。LT値の向上を目指すためには、表に示した程度のペースが適切なペースとなります。

　距離は8000〜12000mを基本とします。走るための主なエネルギー源には、脂肪と糖質があります。走るスピードにもよりますが、走り始めは、糖質が中心となり、脂肪はあまり使われていません。時間が経過するにつれて脂肪の使われる割合が増えていき、20分をすぎる頃から、脂肪の供給が増えるようになります（**図2-4-3**）。

　そこで、エネルギー源として脂肪を利用することから、ペースランニングを行うときの距離は、高校生なら8000m〜12000mとします。8000mあれば、20分を超えるからです。

### 表2-4-1 LT値を高めるためのペース設定表（8000m〜12000m）

| 5000m<br>(自己ベスト) | ペース設定<br>(8000mの1kmペース) | ペース設定<br>(12000mの1kmペース) |
|---|---|---|
| 13分30秒 | 2.59 | 3.05 |
| 13分40秒 | 3.01 | 3.07 |
| 13分50秒 | 3.03 | 3.09 |
| 14分00秒 | 3.05 | 3.11 |
| 14分10秒 | 3.07 | 3.13 |
| 14分20秒 | 3.09 | 3.15 |
| 14分30秒 | 3.11 | 3.17 |
| 14分40秒 | 3.13 | 3.19 |
| 14分50秒 | 3.15 | 3.21 |
| 15分00秒 | 3.17 | 3.23 |
| 15分10秒 | 3.19 | 3.25 |
| 15分20秒 | 3.21 | 3.27 |
| 15分30秒 | 3.23 | 3.29 |
| 15分40秒 | 3.25 | 3.31 |
| 15分50秒 | 3.27 | 3.33 |
| 16分00秒 | 3.29 | 3.35 |
| 16分10秒 | 3.31 | 3.37 |
| 16分20秒 | 3.33 | 3.39 |
| 16分30秒 | 3.35 | 3.41 |
| 16分40秒 | 3.37 | 3.43 |
| 16分50秒 | 3.39 | 3.45 |
| 17分00秒 | 3.41 | 3.47 |
| 17分10秒 | 3.43 | 3.49 |
| 17分20秒 | 3.45 | 3.51 |
| 17分30秒 | 3.47 | 3.53 |
| 17分40秒 | 3.49 | 3.55 |
| 17分50秒 | 3.51 | 3.57 |
| 18分00秒 | 3.53 | 3.59 |
| 18分10秒 | 3.55 | 4.01 |
| 18分20秒 | 3.57 | 4.03 |
| 18分30秒 | 3.59 | 4.05 |
| 18分40秒 | 4.01 | 4.07 |
| 18分50秒 | 4.03 | 4.09 |
| 19分00秒 | 4.05 | 4.11 |
| 19分10秒 | 4.07 | 4.13 |
| 19分20秒 | 4.09 | 4.15 |
| 19分30秒 | 4.11 | 4.17 |
| 19分40秒 | 4.13 | 4.19 |
| 19分50秒 | 4.15 | 4.21 |
| 20分00秒 | 4.17 | 4.23 |
| 20分10秒 | 4.19 | 4.25 |
| 20分20秒 | 4.21 | 4.27 |
| 20分30秒 | 4.23 | 4.29 |
| 20分40秒 | 4.25 | 4.31 |
| 20分50秒 | 4.27 | 4.33 |
| 21分00秒 | 4.29 | 4.35 |
| 21分10秒 | 4.31 | 4.37 |
| 21分20秒 | 4.33 | 4.39 |
| 21分30秒 | 4.35 | 4.41 |
| 21分40秒 | 4.37 | 4.43 |
| 21分50秒 | 4.39 | 4.45 |
| 22分00秒 | 4.41 | 4.47 |

## 4 ペースランニング
トレーニングの種類①

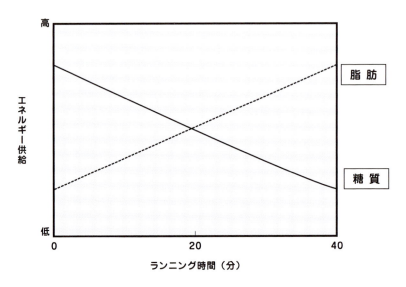

図2-4-3　ペース走におけるエネルギー供給の割合（イメージ）

### ペースの微調整が必要

　適正なペースについては表2-4-1に示しましたが、実際には、これを元に微調整していく必要があります。まずは、表に示したペースや、自分のハーフマラソンのレースペースで、ペースランニングを行ってみてください。それで、「少しきつい」と感じながらも、8000m〜12000mを走り切れた場合には、そのペースが適正だったと考えられます。しばらくはそのペースでトレーニングを継続すればいいでしょう。

　途中でペースを維持できなくなってしまった場合には、そのペースでは速すぎたということです。別の日に、ペースを落としてもう一度行い、最適なペースを探してください。

　8000m〜12000mを走っても楽に感じられた場合には、次回は「少しきつい」と感じられるところまで、設定ペースを上げてみます。そうやって、自分に適したペースを見つけてください。

　自分にふさわしいペースが決まったとしても、気候などに合わせて微調整が必要になることはあります。たとえば気温が高い日には、少しペースを落とす必要があります。こういった微調整を行うことで、狙った運動強度のトレーニングになるのです。

　しばらくトレーニングを続けていると、それまで「少しきつい」と感じられたペースが、楽に感じられるようになります。これはLT値が向上した証拠ですから、「少しきつい」と感じられるところまで、設定ペースを上げる必要があります（漸進性の原則）。

## 適正ペースの探し方

**1** 表からペースを導き、ペースランニングを行う

「少しきつい」が走り切れた

途中でペースを維持できなくなった

適正ペース

**2** 別の日にペースを落としてペースランニングを行う

「少しきつい」が走り切れた

「楽に」走り切れた

適正ペース

**3** 設定ペースを上げてみる

### ペースランニングのポイント
- 気候に合わせてペース微調整する
  例：気温が高い場合
  　　⇒ペースを落とす
- 「少しきつい」ペースが「楽に」感じられるようになったら、設定ペースを上げる

図 2-4-4 ペースランニングのペース設定のチャート

ペーストレーニングでは適切な強度設定（ペース設定）が欠かせない

第 2 章　さまざまなトレーニング

## トレーニングの種類②
# インターバル

インターバルは、速く走る「急走期」と、ゆっくり走る「緩走期」を繰り返すトレーニングです。持久力の指標となる最大酸素摂取量を高める、LT値を高める、スピードを出すのに必要な筋力を強化する、筋持久力を向上させる、レースペースで走るためのフォームが身につくなど、狙いによってさまざまな効果が期待できます。急走期が200〜600m程度のショートインターバル、急走期が1000〜2000m程度のロングインターバルのほか、いろいろな距離を組み合わせたり、ペースを変化させたりするインターバルもあります。短い距離での高強度インターバルの効果も注目されています。

### インターバルの効果

インターバルは代表的なスピードトレーニングです。ゆっくり走る「緩走期」をはさみながら、速く走る「急走期」を繰り返していきます。速いペースで長い距離を走り続けることはできませんが、間にリカバリーとしての緩走期をはさむことで、合計すると長い距離を速いスピードで走ることができます。

たとえば、5000mレースのベスト記録が15分00秒のランナーは、練習では、このペースで5000mを走ることは調整なしには難しいことでしょう。ところが、1000mを3分00秒で走り、緩走期のジョギングをはさみながら、これを5回繰り返すことなら可能です。レースの距離を分割することによって、レースペースでトレーニングすることが可能となります。

つまり、ゆっくり走る緩走期をはさむことで、ペースランニングでは実現できないスピードで走ることが可能になるのです。

このトレーニングの主な効果は、呼吸循環系に対して強い負荷となるため、最大酸素摂取量を高めることが一番に挙げられます。最大酸素摂取量とは体内に酸素を取り込むことのできる最大量のことですが、酸素を多く取り込むために心拍出量を増やすような働きをします。心拍出量が増えると血中の酸素を体中に送り込むことができ、

種目や目的にする強化によってショート、ロング、高強度のインターバルを採用する

酸素によるエネルギー産生量が増えるため、より速いペースを維持できるようになります。

## 急走期の長さで効果に違いがある

インターバルは、急走期の距離によって、「ショートインターバル」と「ロングインターバル」に分類されています。明確な境界はありませんが、急走期の距離が200〜600m程度の場合をショートインターバル、1000m以上の場合をロングインターバルと呼んでいます。

ショートインターバルは、800m、1500m、3000m、3000m障害の種目にとって重要なトレーニングです。これらの種目は最大酸素摂取量より速いペースで走らなければならないため、血中に乳酸が多く蓄積されます。スピードを維持するには、乳酸に耐える能力が求められるため、このようなトレーニングが必要になります。

急走期のスピードが速いため、速筋線維（タイプⅡ線維）を多く動員し、特にタイプⅡaの能力向上につながります。また、より筋の働きを促すように神経系の改善をもたらす効果が期待できます。

一方、ロングインターバルは、3000m〜10000m種目を目標とするランナーに有効的なトレーニングです。ペースはショートインターバルより遅くなりますが、急走期の合計距離はかなり長くなります。

急走期の負荷は最大酸素摂取量の値に相応し、それによりショートインターバル以上に最大酸素摂取量の増加が期待されます。筋肉ではタイプⅠ線維、タイプⅡ線維の両方が活性され、筋持久力を向上させるのに効果的です。

## トレーニング内容を考える

インターバルは、内容によってトレーニングの効果は変わります。急走期の距離を短くすると、ペースを高めることができ、無酸素性エネルギー供給の割合を高めてスピードを養うことができます。また、緩走期の距離（あるいは時間）を長くすると、急走期のペースをより速く行うことができます。

逆に、急走期の距離を長くして適切なペース設定であれば、有酸素性エネルギー供給の割合を高めていき持久力を養うことができます。しかし、緩走期の距離（あるいは時間）を短くした場合では、急走期のペースはより遅く設定しなければならず、速すぎてしまうと維持できずに失速してしまう可能性があり要注意です。

トレーニングの目的に応じて、急走期と緩走期の距離や時間を設定していくことが大切です。

## 最大酸素摂取量から
## ペースを考える

みなさんの競技レベルはさまざまです。それぞれが確実に最大酸素摂取量の向上を図るには、急走期のタイム設定をどのようにすればいいでしょうか。

最大酸素摂取量を基本として考える方法が最も効果的です。しかし、最大酸素摂取量を測定し、その値のランニングペースを算出するには、高額な機材が必要になり一般的ではありません。そこで、そのペースを考える簡便な方法として3000mのベストタイムのペースを利用します。それは、最大酸素摂取量に到達する際の値とそのペースが非常に近いと考えられるからです。また、図1-3-2（p17）で示すように、5000mの記録と最大酸素摂取量の値は正の相関関係があることがわかっています。

このようなことから、特に3000m〜10000mの種目を目指すならば、最大酸

## 5 トレーニングの種類② インターバル

素摂取量に相当するペースを設定すると良いことになります。ここでは最大酸素摂取量の向上が目的なのでそれに相当するペース、もしくは1000mに対して2〜3秒速いタイム設定にしましょう。それ以上に速いタイムになると無酸素的な要素が高まりトレーニングの目的が変わってしまいますので要注意です。

### 種目に合わせたトレーニング

目標とする種目によって適切なインターバルの内容は変わってきます。

たとえば、目標レースが5000mであれば、上述したように最大酸素摂取量の向上が競技能力を向上させます。「1000m×5本」が代表的なインターバルの一つです。急走期の合計距離は、レースの距離と同じか、少し短い程度にします。急走期のペースは、ベストタイムのペースとします。15分00秒なら、1000mを3分00秒〜2分55秒程度。リカバリーの緩走期は、急走期の時間の1/3〜2/3程度の時間にします。1〜2分（200〜400m）のジョギングでつなぎます。

ハーフマラソンを目指す場合には、急走期の距離が長いロングインターバルが中心になります。「2000m×4〜6本」といったインターバルが一般的です。その際、最大酸素摂取量に相当するペースから1000mに対して5秒程度遅く設定するとよいでしょう。急走期の合計距離は、レースの距離よりやや短くなるのが一般的です。ここでの狙いは最大酸素摂取量の向上からLT値向上のペースランニングに近い効果を期待するものになります。

中距離種目のようにレースの距離が短い場合には、1本1本の急走期の距離を短くし、レースペースに合わせて、速いペースで走ります。ここでは最大酸素摂取量の値でのペースよりも当然高い設定にして無酸素的な要素を取り入れることが必要となります。急走期の合計距離が、レースの距離と同じか、それよりも長くなります。緩走期をやや長めにとることで、スピードを上げることができます。目的によってしっかり考える必要があります。

### 変化をつけたインターバル

インターバルはいろいろな組み合わせが可能ですが、よく行われているのは、ショートインターバルなら「400m×10本」、ロングインターバルなら「1000m×5〜7本」などでしょう。これを同じ設定タイムで繰り返します。

しかし、実際のレースでは、一定のペースで走ることはほとんどなく、めまぐるしくペースが変化していくのが普通です。そうしたペース変化に対応するため、ときには変化をつけたインターバルを行ってみることも勧められます。

目標とするのが5000mレースであれば、「2000m＋1000m＋1000m＋400m」といったインターバルが考えられます（表2-5-1）。このインターバルでは、最初の2000mはレース序盤の2000mをイメージして、ゆとりを持って入ります。そして、次の1000mからペースを上げていきます。3本目の1000mは、ほぼレースでのペースになります。最後の400mは、レースにおけるラスト1周のつもりで走ります。

表 2-5-1 インターバルの設定

| 5000m走を目標15分00秒のランナーの例 | | | |
|---|---|---|---|
| 2000m+1000m+1000m+400m | | | |
| 急走期 | 設定タイム | 緩走期(リカバリー) | 設定タイム |
| 2000m | 6分00秒 | 400m | 2分 |
| 1000m | 3分00秒 | 200m | 1分 |
| 1000m | 3分00秒 | 200m | 1分 |
| 400m | 1分10秒 | | |

動きの切り替えも意識します。

緩走期の距離にも変化がつけてあり、最初は600mですが、次からは400mになります。緩走期が短くなることで、だんだん負荷が高くなるのです。

このように、レースを想定した実戦的なインターバルでは、ペース変化を意識するだけでなく、動きの切り替えも意識して行うことが大切です。

## 高強度インターバルに挑戦する

強度を高めたインターバルは、細胞内のエネルギー再生工場と言われるミトコンドリアを増やし、有酸素能力も無酸素能力も向上させることが知られています。長い距離を持続して走るトレーニングでは、あまり速度を上げられないので、こういった効果を得るにはインターバルが適しています。

村山紘太選手は城西大学時代、1500mで3分45秒を切る目標を立て「(600m＋400m＋300m＋200m)×3セット」のインターバルを実践しました。1セットの走行距離は1500mになります。このタイムでは100mを15秒のペースですから、600mは90秒、400mは60秒、300mは45秒、200mは30秒となります。リカバリーは、急走期の100％に相当する時間で設定しました。セット間のリカバリーは5分間です。リカバリーが長めなのは、強度がきわめて高いトレーニングのためレペティション的になり、回復時間を長くとらないと、このペースでは走れないからです。

こういったインターバルを行った村山選手は、その後には1500mで3分39秒56をマークし、直後のアジア大会5000mのレース前にもアレンジを加えて実施し13分34秒57という好成績をマークしています。

また、全力に近い運動を20秒間行い、10秒という短いリカバリーをはさみながら、8回繰り返す超高強度トレーニングも注目されています。特に中距離ランナーには適したトレーニングです。

ランナーの能力にもよりますが、20秒に相当する距離を走り、10秒のリカバリーで、その距離を繰り返し走ります。8本走り終わったときにオールアウト(限界まで追い込んだ状態)しているように、急走期の距離を決めるとよいでしょう。8本走り終わって余裕があるようではその効果は少ないといえます。

このトレーニングは非常にきついものですが、わずか約4分間で終了してしまうにもかかわらず、有酸素性能力と無酸素性能力の両方を改善させるデータが出ています。また、走る総距離は短く、脚への負担が軽減され故障のリスクが少なくなるメリットもあるのです。ただし、あまりにも高強度で刺激が強すぎるため、事前準備期間を設けることやその都度のウォーミングアップは欠かせません。

第 2 章　さまざまなトレーニング

## トレーニングの種類③
# 距離走

　余裕のあるペースで、かなりまとまった距離を走るトレーニングが距離走です。年齢や競技歴にもよりますが、トレーニングの距離設定は、短ければ20km程度、マラソンでは40km走を行うこともあります。

　ペースランニングよりも遅いペースになるため、主に有酸素的なエネルギー産生能力を向上させることを目的としています。最大酸素摂取量を向上させる効果はさほど期待できませんが、中長距離種目や5000mを目標とするランナーにとっても必要なトレーニングの一つです。かの有名な指導者であるアーサー・リディアード氏は、世界屈指の中距離ランナーらにも25km相当以上のトレーニングを継続的に行わせたことはよく知られた話です。

　そのようなことからも、それよりも長い距離の種目を目指す場合には、最も重要なトレーニングの一つだということは間違いないでしょう。箱根駅伝やハーフマラソンを目指す大学生ランナーにとって、25～30kmの距離走は重要なトレーニングになっています。

### 毛細血管が増え有酸素能力が向上

　距離走とは、長めの距離を余裕のあるペースで走るトレーニングです。

　走る距離についてはっきりした決まりはありませんが、年齢、競技歴、目標としている種目の距離、ランナーの実力、トレーニングの時期などを考慮して、適切な距離を選択するようにします。

　短ければ20km程度、長い場合には25～30km、場合によっては40kmまで距離を延ばして行います。高校生であれば、20kmくらいまでにしておくのが適当でしょう。

　走るペースは、ジョギングよりも速く、ペースランニングよりは遅いペースを設定します。どんなに速くなってもLT値ペースより速くならないようにするのがポイントです。これはLT値ペースを超えると、徐々に血液中の乳酸値が上がってしまい、長く走り続けることができなくなってしまうからです。それは、エネルギーの供給が、強度が高くなるにつれて酸素と脂肪によるものから、糖によるものに走る割合が高くなってしまうからです。

　このような比較的速度の遅いトレーニングでも、長く走り続けることによって、筋肉ではタイプⅠ線維（遅筋線維）を多く動員して発達させていき、それを取り巻く毛細血管の発達が促されます。その結果、エ

ネルギー源として脂肪利用の割合が高まっていく変化が起きて有酸素能力を高める効果が期待できるのです。

## スピードランナーにとっても重要

距離走は、10000m以上の距離の長い種目のトレーニングとして重視されています。これらの種目を目標としているランナーは、定期的に距離走を行い、生理的な反応を高めていく必要があります。

一方、中距離種目や5000mまでの距離の種目を得意としているランナーにとって、距離走は積極的に取り入れたいトレーニングではないでしょう。なぜなら、スピード型のランナーはスピードがある半面、持久力には自信がない人が多いからです。これは筋の性質が持久力に自信あるランナーよりもタイプⅡ線維（速筋線維）の割合が高い可能性があるからです（第1章7参照）。しかし、そのような選手でも距離走を行うことでタイプⅠ線維を動員させて発達させること、そしてタイプⅡ線維の持久力も発達させることで能力が向上していくからです。

距離走が苦手なランナーの多くは、筋の性質により持久力がつきにくいのは否めません。しかし、どんなに自信がない人でもトレーニングを続けていけば、明らかにこれまで以上の持久力は向上していきます。

## 故障を防ぐためコース設定とアフターケアは慎重に

距離走はどこでも行うことができます。よく行われるのは道路ですが、路面の固い舗装道路では脚への接地衝撃が大きいことや、フラットな場所を選択したとしても多少のアップダウンによって非常に故障が起きやすいという問題があります（**図2-6-1**）。特に下りでは通常の衝撃以上にかか

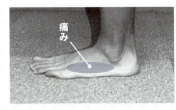

図2-6-1 腓骨筋腱炎

ってしまします。そのようなことから道路で距離走を行った場合、脚は大きなダメージを受けているので、走り終わった直後のアイシングなど、しっかりとケアを行うことが大切です。

距離走によって起こる疲労は、インターバルなどのスピード練習を行った場合とは違っています。強度の高いトレーニングの後は、筋肉痛が出るなど、わかりやすい疲労が起こります。翌日にきついトレーニングはできません。それに比べ、距離走による疲労はぼんやりとしただるさで、翌日もきついトレーニングができないことはありません。

しかし、そうやってトレーニングを続けてしまうと、疲労が蓄積し、狙った効果が得られなくなってしまうことがあります。このようなときには、故障も起きやすくなるので注意が必要です。

さらに距離走を行う上で注意したいのが、目標とする試合での速度や動きと大きく異なる点です。特異性の原則にもある通り、距離走で働かせた部位、ここでは特に筋の収縮速度については目標としている種目の速度とは大きくかけ離れています。よって理想の動きを求めるものではありません。そのようなトレーニングと混同しないよう意識性の原則に従い目的を明確にすることは大切です。

第 2 章　さまざまなトレーニング

## トレーニングの種類④
# レペティション

　800m、1500m、5000m、3000m障害などのトラック種目を目指すランナーにとって有効なトレーニング方法です。目標とする種目より短い距離を、目標とするレースペースより速いペースで走り、これを数回繰り返すトレーニングです。インターバルのように、短い緩走期をはさんで急走期を繰り返すのではなく、1本1本をレースペースもしくはより速いペースで走るためにも、十分に間隔を開けて完全に回復させるようにします。より実戦に近いトレーニングであると同時に、これまで以上の能力を開発するためのトレーニングでもあります。高強度なトレーニング方法であり、筋肉へ高い負荷をかけることで、特にタイプⅡ線維を強化する効果が期待できます。

## 十分な休息をとって繰り返す

　レペティションとは、ペースの速いランニングを繰り返すトレーニングです。その点ではインターバルと似ています。しかし、インターバルが不完全な休息で疾走を繰り返すのに対し、レペティションでは、休息の時間を長くとり、完全に回復してから次のランニングを行います。これがインターバルとの相違点で、レペティションの大きな特徴でもあります。

　完全に回復させる休息を取るため、レペティションにおける疾走ペースはかなり速くなります。一般に、レースよりも短い距離を設定し、レースよりも速いペースで走ります。それを数回繰り返すのです。

　走行距離については、その合計距離を、目標とするレースの距離程度までに抑えるようにします。

　たとえば5000mを目指すランナーであれば、急走期の走行距離の合計が5000m以下になるようにするのが一般的です。具体的には、「1000m×3〜5本」や「600m×7本」といった内容にします。

　休息時間は、完全に回復できるように急走期に走った時間×2〜5倍くらい長くとります。そうすることで、1本1本のペースが落ちないようにするのです。

## 現在よりレベルを上げていくために

目標とする種目より短い距離を、レースペースよりも速いペースで数回繰り返し走る

**表 2-7-1 レペティションのやり方**

| 設定 | 休息 |
|---|---|
| ● 600m×4〜5本<br>● 1500m×3〜4本<br>● 1500m×2〜3本 | リカバリー<br>10〜15分 |

| レペティションのポイント ||
|---|---|
| 通常 | レベルアップ |
| ● ペースの速いランニング<br>● リカバリーは完全休息 | ● よりペースの速いランニング<br>● リカバリーは完全休息<br>　⇒ジョギングで回復を促す |

　レペティションは走るペースが速いため、筋肉に大きな刺激を与えることになります。タイプⅡ線維（速筋線維）に刺激を加えることができ、タイプⅡ線維内のミトコンドリアを増加させることができます。

　そのため、スピードを維持できる体をつくるのに役立ち、800mから5000mまでの種目を目指すランナーにとっては、とても効果のあるトレーニングと言えます。

　現在よりも高い競技レベルを目指すためには、レースペースでトレーニングするだけでなく、それを超えたペースでトレーニングする必要があります。速く走ることによって、そのスピードを出すのに必要な筋肉が強化され、神経機能も向上していきます。つまり、現在よりもレベルアップしていくためには、短い距離を速いペースで走り、それを繰り返すトレーニングが必要なのです。この方法は、トレーニングの原則の、意識性、特異性、漸進性など、複数の原則に当てはまっていきます。

　また、インターバル同様にレースよりも速いペースで走るため、ランナーの筋肉ではたくさんの乳酸が発生します。この乳酸の蓄積により水素イオン濃度が上昇し、カルシウムの働きが低下して筋収縮を妨げるのですが、それを抑制する筋緩衝能を高めることもこのトレーニングの大きな効果です。

## 休息時はジョギングを行うのがよい

　インターバルが不完全休息なのに対し、レペティションは完全休息をはさみます。そのため、しっかり座り込んでしまったほうがいいと考えられがちです。

　しかし、じっとしていると、乳酸は筋肉に蓄積されたまま、なかなか除去されていきません。これでは筋内の水素イオン濃度が上昇したままで、筋肉の収縮に支障が出てきます。10〜15分の休息をとっても、完全に回復していないことがあるのです。

　一方、ジョギングによる回復は、血液を循環し続けることになり、乳酸の除去を進めていきます。座り込む場合に比べ、回復時間は短縮されるのです（**表2-7-1**）。

　また、乳酸はいわゆる「疲労物質」ではなく、エネルギーにもなるものなのです。複雑な回路を経て、乳酸はエネルギーに変換され再利用されていきます。そのため、レペティションにおける休息の時間には、積極的にジョギングを行うことが勧められます。

　また、回復を図るためのジョギングはゆっくりなペースを想像するかもしれませんが、意外にも1kmを6分から4分で行うレベルが理想です。理由は血液循環を維持することで乳酸の除去を促すためです。

# 8 トレーニングの種類⑤
## タイムトライアル

レースの距離からやや短い距離を設定し、レースの目標タイム相当で走るものです。これは非常に実戦的な総合的トレーニングです。筋力、動き、有酸素能力、無酸素能力など、レースで必要とされるほとんどすべての能力が強化されます。また、ランナーの実力を知るためにも、重要なトレーニングとなっています。できるだけイーブンペースを維持し、そのランナーにとってベストタイム相当を目指します。体への負担が大きいため、レースの直前に行うのは好ましくありません。

### 総合的に強化できるトレーニング

最高のトレーニングは、レースそのものであると考えています。埼玉県庁の川内優輝選手はレースをトレーニングに変えて実践している代表的な人ではないでしょうか。彼はマラソンを目標として、週末に10kmやハーフマラソン、時にはトラックレースなどにも参加し、平日の通勤ランは一般的なジョギングとして考えているようです。参加した試合では、それによって得られる効果を考えてペース配分を決めているものだと思われます。

レースの距離を、レースのペースで走ることができれば、最高のトレーニングであることは間違いありません。しかし、川内選手のように毎週末大会へ出場できる類まれな体力をもっている人は少ないでしょう。そこで、レースのリハーサルのようなトレーニングとしてタイムトライアルを行ってみましょう。

### 距離が短いと
### レースペースで走れる

レースと同じ距離で実施すれば、ランナーはペース配分なども含め、その種目の距離に対する経験を積むことができます。ただ、実際のレースペースと比べると、調整しなければ無理といっていいでしょう。

そこで、レースよりも少し短い距離でタ

タイムトライアルは実戦的かつ総合的なトレーニング

タイムトライアルの効果を上げるためにはペースを設定しイーブンペースで走る

イムトライアルを行います。たとえば、1500mを目指しているのであれば1200mで、5000mを目指しているのであれば3000mで、10000mを目指しているのであれば7000mで実施します。こうすることで、実際のレースペースに近いペースで走ることが可能になるからです。

タイムトライアルは最も実戦的なトレーニングです。ほぼレースペースで、レースの距離かそれに近い距離を走るため、ランナーはレースと同じ動きをすることになります。それによって、筋力や神経機能はもちろん、さまざまな身体機能が総合的に強化することができます。

レース経験の少ないランナーにとっては、予行演習的な要素があることから実際の場面での対応力など精神的な能力を高められるトレーニングでもあります。レースで必要となるペース感覚も身につきますし、ペースを維持して走り切ることができれば、自信を深めることができることでしょう。

## イーブンペースで走る

現在持っている実力を出し切るためにも、できるだけイーブンペースを保つことです。たとえば、5000mで15分00秒を目標としているランナーが、3000mのタイムトライアルを実施する場合には、9分00秒でフィニッシュすることを目指し、400mを72秒で刻んでいくような走りを心がけます。

前半が速すぎて後半失速してしまったり、後半はペースアップしたが前半が遅すぎたりする走りでは、タイムトライアル本来の効果を得ることができないからです。

同じレベルのランナーがそろっている場合には、一緒にタイムトライアルを行い、協力し合ってペースを維持していくのもよい方法です。一人で行うよりも、レースペースを維持しやすくなります。

## 体への負担が大きいトレーニング

タイムトライアルは実戦に近い総合的なトレーニングです。実際のレースで最高のパフォーマンスを実現させるためにも、このようなトレーニングを経験しておくことはとても重要です。しかし、体への負担は大きいので、その点に対する配慮が必要となってきます。

レースシーズンに実施する場合には、レースの2週間前までに行ってことを勧めます。レース直前に行うと、疲労が残り、レースにマイナスの影響を及ぼしてしまうことがあるからです。

第2章　さまざまなトレーニング

## トレーニングの種類⑥
# クロスカントリー

　自然の起伏を利用し、芝生や土などの路面を走るトレーニングがクロスカントリーです。そういった環境で、ペースランニング、インターバル、ジョギングなど、さまざまな内容のトレーニングを行うことができます。起伏があるため、平坦な走路では得られないトレーニング効果が期待できます。柔らかな路面は、故障を防止するのに有効なだけでなく、筋力強化にも効果があります。路面からの反力が小さいため、路面にしっかり力を加える必要があるからです。上ったり下ったりを繰り返すことで、全身をバランスよく強化できるのも特徴です。

## 柔らかな路面で故障が防げる

　クロスカントリーは、トラック、ロードなどのように、トレーニングの環境（場所）を示す言葉です。自然の起伏を利用して、芝生や土などの路面を走るトレーニングを総称して、クロスカントリートレーニングといいます。
　そこで行われるトレーニングの内容はさまざまです。ジョギングを行ってもいいし、ペースランニング、インターバル、距離走、レペティションなどを行うこともできます。
　クロスカントリーには、「起伏」と「柔らかな路面」という2つの条件が備わっています。トラックは舗装道路ほど硬くありませんが、起伏はなく平坦です。ロードは、場合によっては起伏がありますが、路面が硬いため、脚は大きなダメージを受けてしまいます。クロスカントリーには2つの条件がそろっているため、柔らかな路面で脚を守りながら、起伏を利用したトレーニングを行うことができます。

## 上りと下りのトレーニング効果

　起伏のあるコースを走ることによって、平坦なコースでは得られないトレーニング効果を得ることができます。
　一定のペースで走っていても、上りでは、心肺機能に大きな負荷がかかります。また、脚筋力に対する負荷も大きくなり、特にハ

土や芝生といった柔らかな路面を走るトレーニングを多く取り入れてランナーの能力を効率よく引き上げていく

ムストリングスの強化に役立ちます。このような上り坂でのランニングが何度も繰り返されることで、インターバルを行った場合のような効果が期待できるのです。

下りのランニングでは、シャープな動きが可能になります。また、筋力的には、大腿四頭筋を始め、臀筋や下腿三頭筋を強化できます。接地したときに、大きな力が加わるためです。これらの筋肉は、平坦なコースを走っているだけではなかなか強化できません。

## 柔らかな路面で得られる効果

路面の柔らかさは、脚へのダメージを小さくしてくれます。特に下りでのランニングは、接地の衝撃が大きくなりますが、芝生や土の路面であれば、衝撃はかなり抑えられます。

中長距離ランナーの故障は、接地の衝撃が繰り返されることで起こるものが多くを占めています。特に膝には、接地時に大きな負担がかかっています。

このような故障を起こしてしまうと、トレーニングの継続性が失われ、ランナーとしての成長にブレーキをかけてしまいます。順調に実力を伸ばしていくためには、故障しないことが重要です。そういう意味でも、柔らかな路面を走るクロスカントリーを多用することは、ランナーの能力を効率よく引き上げていくのに役立ちます。

もう一つ、柔らかな路面でのランニングは、筋力向上にもつながります。柔らかいと路面から得られる反力が小さくなるため、1歩1歩しっかりと路面を蹴って、力を加える必要があるからです。それによって、筋力向上が期待できます。

芝生や土などの柔らかな路面に比べると、大きな反力が得られるオールウェザーのトラックでは、楽に推進力を得ることができ

ペースランニング、距離走、ロングインターバルなどのトレーニングが可能

ます。

## いろいろなトレーニングを行う

クロスカントリーでは、いろいろな内容のトレーニングを行うことができます。特に勧めたいのが、ペースランニング、距離走、ロングインターバルなどです。

ペースランニングや距離走は、一定のペースで走っていても、上りで大きな負荷がかかるため、平坦なコースで行う場合以上の効果が期待できます。

インターバルも行えます。ただし、ランニングの速度が速くなるショートインターバルでは、起伏や路面の状態によっては、転倒などの危険が考えられます。急走期が600〜1000m程度のロングインターバルにすれば、ペースがあまり速くならないので、安心して行うことができます。

クロスカントリーで大きな効果を得るには、上りや下りを走っているときに、どこの筋肉を使っているのかを意識すると効果的です。

クロスカントリーでトレーニングを行うと、起伏が続き、路面からの反力も小さいので、トラックやロードで同じ距離を走る場合よりも疲労します。全身の筋肉が動員されることもあって、平坦コースを走る場合に比べ、1.5倍くらい疲労が感じられます。そのため、トレーニング後には、十分な休養をとることが必要です。

第 2 章　さまざまなトレーニング

## 10 トレーニングの種類⑦
## 筋力トレーニング

ランニング時に必要な筋群を筋力トレーニングで強化すると、それらが優先的に働くようになり、力強く路面に力を伝えることや脚の切り替えが素早くできるフォームとなるでしょう。中長距離といっても世界一流のランナーともなればラストスパートをスプリンター並みの速さで走るので、筋力強化が不可欠です。特にスピードが求められる中距離ランナーは筋力向上には関心を持って取り組む必要があります。不要な筋肥大を起こさないように、重いウェイトではなく、自重（自体重）での筋力トレーニングがお勧めです。

ジャンプ系トレーニングもランナーに必要なトレーニングの一つである

### ランナーのための筋力トレ

近年、筋力トレーニングは、体幹トレーニング同様、故障を減らし、パフォーマンスの向上にもつながると考えられています。

また、筋力トレーニング後にはランニングエコノミーが改善されるという研究報告があります。同じ速度をより少ない酸素摂取量で走れるようになった場合に、ランニングエコノミーが改善したといいます。つまり、同じ運動強度に対してエネルギーの消費が少なくなったことを意味します。

そして、ランニング中に使う筋を強化することになるので、路面により力を加えられて直接的に推進力、ストライドの増加を得ることになります。特に中距離種目ではスピードを求められるため筋力向上には関心をもって取り組む必要性があることは、容易に想像できるでしょう。

ランナーの筋力トレーニングは、重い器具を挙上するなどの筋肥大を起こすようなものであってはなりません（第 1 章 8 参照）。ランニング中に使用する筋を主として、自重もしくは低負荷で回数を多く行うようなものを中心としてください。このようなトレーニングの場合、タイプⅠ線維（遅筋線維）が動員され筋持久力を養うことができるからです。意識性の原則や特異性の原則などを考えて、ランニング動作に利用される筋を重点的に鍛えてください。

## 筋力トレーニング

### ステップアップ

台の上に片足を乗せ、膝・股関節を伸ばして体を引き上げて台の上に乗る。台から足を下ろして元に戻る。足を変えて上がる。
ジャンプ系の準備運動。
片脚につき10回×3セット

### 背筋

腹ばいになり、両手両足を挙げ、背筋を反らして、胸と膝をしっかり床から離す。
30回

### ランジ

足幅は肩幅ほどで、姿勢よく立つ。前方に大きく1歩踏み出す（股関節を地面へつけるイメージで深く）。前に出した足を下げて元の位置に戻る。
片脚につき15回×3セット

## ジャンプ系トレーニング

### バウンディング

素早くそして力強く蹴り、大きく腕をスイングさせて推進力を得る。軽く助走をつけてもよい。上りの傾斜を利用すると確実に実施できる。
片脚につき5回×3セット

## 10 トレーニングの種類⑦ 筋力トレーニング

### バウンディングで筋力強化

さらにランナーとしての筋力強化を目指すのであれば、ジャンプ系トレーニングを行うとよいでしょう。ジャンプ系トレーニングの種目としては、バウンディング、ヒルランニング（もも上げ）などが挙げられますが、なかでも効果的な方法としてバウンディング、特に上り坂のバウンディングを取り入れることが勧められます。

坂の距離は、最初は10〜20mが適正です。バウンディングで弾むように坂を上り、歩きかジョギングで下ります。8本以上繰り返すことを目標として行います。

普通に走るのに比べ、瞬間的に大きな力を発揮しなければならず、それによって筋力が強化されます。このトレーニングでは、特にハムストリングや臀筋が強化され、筋力トレーニングと同様に、ランニングエコノミーの改善が期待できます。

バウンディングを行うときには、腕を前後に大きく振り、ストライドを延ばします。着地したときに、膝や腰が深く曲がってしまわないようにするのがコツです。体をできるだけまっすぐに保ったまま、脚を前方に大きく振り出します。接地したときに体の軸がしっかりできていると、路面からの反力を利用して、体を浮かせることができ、次のバウンディングにつなげることができます。

バウンディングは、筋力強化だけでなく、動きづくりにも役立ちます。フォームのところで紹介したように、ランナーには脚の切り返しの速さが求められますが、バウンディングでは接地した瞬間、反対側の脚を大きく前方に振り出すため、脚の切り替えの速さを身につけるのに効果的なのです。

ただし、バウンディングは、通常のランニングに比べ、接地の衝撃が大きいため、トレーニングを実施する以前に、十分に体幹トレーニングを行っておく必要があります（第2章12参照）。

体幹が強化されていると、しっかりした体の軸で地面から反力を受けとめ、利用することができ、よりやりやすくなります。また、バウンディングは、芝生などの柔らかい路面で行うのが理想的です。舗装道路で行う場合には、故障しないためにも、トレーニング後に十分なケアをする必要があります。

初めは1本1本ていねいに行うことを心がけます。どこの筋肉が使われているのかを、しっかり意識して行うようにすると、さらに効果的です。きちんとしたフォームでバウンディングができるようになったら、1本の距離を少しずつ延ばしていきます。

### ジャンプ系トレーニングの注意点

ランジ、ステップアップ、背筋などを行って基礎的な筋力を身につけてから、ジャンプ系のトレーニングへと移行していきます。

また、バウンディング、ヒルランニング（もも上げ）などのジャンプ系のトレーニングのすべての動きに重要なことはがあります。それは、力を発揮した際には素早く動くことを意識することです。足が地面に着いた瞬間に脚を切り替えて、また大きくジャンプしていきます。たとえば、スキップでは大きく腕を振り、高く跳び、素早く脚を切り替えるよう行ってください。

## ヒルランニング

上りの傾斜を利用してもも上げを素早く行う。進む距離は 20〜40cm 程度。上半身が前後に倒れないように姿勢をまっすぐに保つ。
片脚につき 10 回×3 セット

## ダブルホップ

ジャンプして素早く両脚を抱え込み、着地と同時にまたジャンプする。コーンやハードルを 80〜90cm 離してセットし、連続で実施する。
3〜5 回×3 セット（柔らかい地面を選択）

## 壁押し

壁に両手をつき体で押しながら素早く膝を上げ、脚の入れ替えを行う。股関節筋群を主として鍛えることができる。リズムはテンポよく。
片脚につき 10 回×3 セット

第2章 さまざまなトレーニング

## 11 トレーニングの種類⑧
## 坂トレーニング

坂道や斜面を利用したトレーニングです。上りを速いペースで走ることにより、スピードを出すための筋肉を強化します。上りのランニングは接地衝撃が小さいため、ロードで行っても、脚へのダメージは比較的小さいでしょう。下りは歩きかジョギングでつなぐようにすれば、脚に大きな負担をかけずにすみます。長い距離のレースを目指すランナーには、坂トレーニングと距離走の複合トレーニングが勧められます。筋力強化を目指すなら、上り坂でのバウンディングが効果的です。階段トレーニングには、ピッチを速める効果も期待できます。

### 距離を短くした坂トレーニング

坂トレーニングには、いろいろな方法があります。ここで紹介するのは、坂道や斜面をダッシュして上り、歩きかジョギングで下るのを繰り返すトレーニングです。

トレーニングに使う坂や斜面は、100～200mの距離で、斜度が5～7％が適しています。100m進む間に5m上る程度の緩やかな坂です。箱根駅伝の5区のコースは、急な部分では斜度が10％を超えています。そこまで傾斜がきついと、スピードを出して走れなくなってしまいます。このトレーニングを行うためには、スピードを出せる傾斜であることが大切です。

100～200mほどの距離で適度な斜度の坂をかなりのスピードで一気に上ります。そして、同じ距離をジョギングで下ります。これを10～15本繰り返します。その効果は翌日になればよくわかります。多くの人が臀部、ハムストリングの筋肉痛になっていることでしょう。ランニングに必要なキック力を磨く非常に手っ取り早い方法です。日頃のハードトレーニングの一つとし

坂トレーニングはスピードを出すための筋力を高めるとともにフォームの改善も期待できる

**表2-11-1 坂トレーニングの設定**

| | |
|---|---|
| 距 離 | 100～200m |
| 斜 度 | 5～7％ |
| 本 数 | 10～15本 |
| 上 り | 全速力 |
| 下 り | 歩きかジョグ |

種目に合わせて坂の距離やリカバリーの時間を変える

て無理なく取り入れられるものです。

　筆者が指導する大学では、距離が150m、斜度が5〜7％の坂を使って、トレーニングを行っています。21〜24秒で上り、その2倍の時間をかけてジョギングで下ります。これを15〜20本行っています。

　その距離に対して速さの設定は、目標としている種目のスピードと同じか、やや速いもので10〜15本繰り返せるように設定するとよいでしょう。下りはジョギングが基本ですが、歩きにすれば脚への接地衝撃を小さくすることができます。

　坂は芝生の斜面があれば理想的ですが、道路でも問題はありません。上り坂では、蹴り出した位置より高い位置に接地するため、下り坂や平坦な場所を走る場合と比べ接地衝撃が小さいという特徴があります。

　このトレーニングの利点は、筋力トレーニングのみのものとは違い、目指すランニング動作により近い筋の発揮が行われ、特異性と意識性の原則に基づいて実行できる点にあります。筋に高い負荷をかけながら走ることで、同時に心血管機能も鍛えられ

ることになり、大きな収穫を得ることができきます。

## 筋力を強化し、フォームも改善

　このような坂トレーニングを行うことで、効果的に筋力を強化することができます。上り坂では、平坦な走路を走るのに比べ、より力強く路面に力を加える必要があります。そのため、ランニングの動きを繰り返す中で、スピードを上げるために重要な役割をする臀部やハムストリングの筋群を強化できるのです。

　さらに、ランニングフォームを改善する効果も期待できます。重力に逆らって上り坂でダッシュを繰り返しているときに腕のスイングを横にすることなく意識的にまっすぐに矯正することです。走るときに必要な筋群が使うことで強化され、無意識でもまっすぐ振れるようになります。

## 種目に応じたトレーニング

　坂トレーニングは、目標とする種目に応じて、やり方を変えることもできます。

　たとえば中距離種目、中でも800mを

## 11 トレーニングの種類⑧ 坂トレーニング

専門とするランナーであれば、走る距離をやや長めにとり、200m程度にします。これを全力に近いスピードで上ります。リカバリーの下りは歩きにし、十分な間隔を空けて繰り返します。

上りを全力に近いスピードで走るためにも、間隔をあけたほうがいいのです。このやり方だと、心肺機能への負荷は高くありませんが、筋力には大きな負荷をかけることができます。

一方、5000mなど長距離種目を目標としている場合には、坂の距離はやや短めにします。そして、リカバリーの時間を短くして、上り下りを繰り返します。上るスピードが落ちるため、筋力への負荷は小さくなりますが、心肺機能への負荷は大きくなります。

このように、坂の距離を変えたり、リカバリーの時間を変えたりすることで、自分の目指す種目に合わせたトレーニングを行うことができます。

### 階段でもトレーニングできる

階段を走って上る階段トレーニングも、スピードを向上させる効果があります。階段は100段以上あり階段のピッチも均等にあるものが理想的です。

下から上まで一気に走り上り、ゆっくり下ります。これを連続して繰り返し行います。このトレーニングでは、筋力強化や心肺機能の向上に加え、重心移動の効率化といった効果も期待できます。

効率的な重心移動を身につけるためには、階段を走って上るとき、足の裏全体に体重を乗せながら、股関節や脚の付け根部分から乗り込んで行くようにします。最初はなかなか難しいので、短い階段で試してこの感覚を身につけておきます。

ぬかるんだ場所を歩くとき、接地した足に重心が乗っていないと滑ってしまいます。しかし、脚の付け根から乗り込むようにして、着地した足に重心が乗っていれば滑りません。それと同じような感覚で、接地した足に、脚の付け根から乗り込んでいくようにするのです。

腕振りのリズムと脚の動きを連動させ、重心を上に向けることも意識します。バタバタという足音がしない上り方をすると、臀部やハムストリングをうまく使うことができます。

この階段トレーニングは、やり方によって異なる効果が得られます。1段ずつ小刻みに速いテンポで上れば、重心移動が効率化され、ピッチを速くするのに役立ちます。一方、1段飛ばしや2段飛ばしで上れば、筋力を向上させる効果が大きくなります。この場合、1段の高さにもよりますが、普通に走るときのストライドより少し広いくらいの歩幅にするのが効果的です。

下りは、脚へのダメージを大きくしないためにも、1段ずつゆっくり下ります。

### 効率のよい複合トレーニング

坂道トレーニングで走る距離は、決して長くありません。しかし、エネルギー源として、たくさんのグリコーゲンが消費されます。運動強度が高いため、エネルギー源として脂肪はあまり利用されず、筋肉に蓄えられているグリコーゲンによる供給の割合が高くなります。そのため、坂トレーニ

股関節や脚の付根の部分から
乗り込んでいくようにする

階段トレーニングは100段
くらいある階段を利用する

ングを終えたときには、筋肉のグリコーゲンはかなり減少した状態になっています。

その坂のトレーニングを終えて休息ないままペースランニングを行うとしましょう（連続して行う）。坂のトレーニングから続けて、ペースランニングといった強度を落とした有酸素性のトレーニング行うと、低グリコーゲン状態により、通常の有酸素性のトレーニングだけのものよりも短時間で脂肪を代謝する酵素が高まっていくのです。すなわち持久力を養うには非常に有効な方法なのです。

古くから持久力を高めるトレーニングは、長い距離を走ることにより養ってきましたが、走行距離を増やすことによって使いすぎや衝撃を受けて故障のリスクが高まってしまいます。それはトレーニングの継続性の観点からも避けたいところです。これによって距離を走らなくても持久力向上の効果を得られるようなるのです。

このように筋力の向上、持久力の向上の両方を効率よく進める方法として、新たに取り入れてみてはいかがでしょうか。

ハードなトレーニングのためにはじめは有酸素性トレーニングの部分をジョギングから行うことをお勧めいたします。

第2章　さまざまなトレーニング

## 12 トレーニングの種類⑨
# 体幹トレーニング

体幹トレーニングとは、腹部、背部、股関節周囲など、体幹部の筋力を強化することで、体の軸をしっかりさせるトレーニングです。大きな筋肉群が強化されることにより、ランニング時に脚にかかる負担を減らすことができ、故障を防止するのに役立ちます。また、大筋肉群が優先的に働くことで、効率よく力を路面に伝えることができるようになり、パフォーマンスの向上にもつながります。効果を引き出すためには、正確な姿勢、正確な動作を心がけ、ていねいに行うことが大切です。

## 故障の防止に役立つ

走るときに必要となるのは、脚部の筋肉だけではありません。もちろん全身の筋肉が使われますが、その中でも重要な役割を果たしているのが、腹部、背部、股関節周囲など体幹部の筋肉です。これらの筋力を強化するトレーニングを体幹トレーニングといいます。

体幹トレーニングが勧められる理由は、主に2つあります。その一つは、故障の防止です。

ランニングによる故障の原因はさまざまですが、体幹部の筋力不足も、故障を招く重要な原因となっています。腹筋、背筋、股関節周囲の筋肉といった体の中心部分の筋肉群が鍛えられていないと、走るときにこれらの部分で大きな力を発揮することができません。そのため、膝から下の小筋群に頼ることになり、そこに必要以上の負荷がかかってしまうのです。このような状況が続くことで、故障が引き起こされることになります。

体幹トレーニングを行うことで大筋群が強化されると、走るときに、優先的にこれらの筋肉が使われるようになります。それによって、膝から下の小筋群に必要以上に頼る必要がなくなり、脚への負荷が軽減するため、ランニングによる故障を起こしにくくなるのです。

## パフォーマンスの向上にも

体幹トレーニングが勧められるもう一つの理由は、パフォーマンスの向上が期待できるからです。

大筋群が優先的に働くことで、より大きな力を路面に伝えることができれば、その分だけストライドが延び、1歩で進む距離も長くなります。それによって、無理なくランニング速度を上げることが可能になります。

また、体幹部の筋力が弱いと、走るときに上半身が横ぶれを起こしてしまいます。普段はきちんと走れても、レースの終盤でこのような状態になってしまうランナーは少なくありません。

体が横ぶれして軸が定まらない状態では、効率よくスピードを出せませんし、無駄なエネルギーも使ってしまいます。体幹トレーニングを行って体の軸がしっかりしてくると、横ぶれを起こさなくなり、パフォーマンスの向上が期待できるのです。

## ていねいに行うことが大切

体幹トレーニングの多くは、特別な器具は使用せず、自分の体重を負荷として利用します。

実施するときに大切なのは、鍛える部位をしっかりと意識し、ていねいに行うことです。正確な姿勢、正確な動作を心がけ、最後まで形が崩れないようにします。効果を引き出すためには、これがとても重要です。

負荷が低いトレーニングなので、正確さを求めず適当に行ってしまうと、無意味なトレーニングになってしまいます。

また、それぞれのトレーニングを行うときには、へそのあたりを少し引っ込め、この状態をキープするようにします。へそのあたりを引っ込める動作をドローインといいます。体幹トレーニングを行うときには、基本姿勢としてドローインを常に意識することで、より効果的なトレーニングとなります。

体幹トレーニングの効果はすぐには現れませんが、継続して行うことで、確実に現れてきます。個人差はありますが、早い人であれば、3ヵ月ほどで効果を実感することができます。

## 体幹トレーニング【1】

四つ這いになり、片膝とその対角にある腕の肘をつけて体を屈曲したあと、脚と腕を、床と平行に体幹と同じ高さにまで上げ、体をしっかり伸ばす

体幹より手が下がったり、脚が上がりすぎたりしないこと。腕が内側に入ったり、脚が外側に開いたりしないこと

## 12 体幹トレーニング
トレーニングの種類⑨

【2】仰向けになり、両脚をそろえて床からまっすぐ上に上げる。両脚をそろえたまま、おしりを高く上げる

【3】横向きの姿勢で肩肘と同じサイドの足を床につけ、足先から頭の先まで体の軸をまっすぐに保つ

✕ 腰が落ちたり、頭が下がったりしてはダメ。逆に腰を上げすぎてもダメ

【4】片脚立ちになり、上体を倒して対角の手の先を床につける。その状態から体を起こし、腕を真上にしっかり伸ばして上げ、反対側の脚を太ももが床と平行になる高さまで上げる

✕ 腰が抜けたり、腕が前に傾いたりしてはダメ

**【5】** 仰向けになり、片脚は膝を曲げ、もう片方の脚は斜め上に上げる。腰を床から上げて、肩から膝までが1本の柱になるように体の軸をまっすぐに保つ

**【6】** 片脚で立ち、反対側の脚は後方に伸ばし、上体は床と平行になるくらいまで倒す。支持脚と同じ側の腕は前方にしっかり伸ばす。反対側の腕は腰に当てる

✗ 支持脚が曲がったり、後方に伸ばした脚の膝が曲がったり、上げた腕が下がったりしてはダメ

**【7】** 仰向けから上体を起こし、両脚を上げる。上げた両脚は、そろえて股関節、膝関節、足首が各90度の位置を保つ。腕をしっかり前方に伸ばしてバランスをとる

✗ 上体が起こせない、腕が下る、脚が上がるのはダメ

# 高地トレーニングの科学

## エチオピア選手の活躍で高地トレーニングが注目された

　高地トレーニングが注目されるようになったのは、もう50年以上も前のことです。1960年のローマオリンピック、そして1964年の東京オリンピックのマラソンにおいて、エチオピアのアベベ・ビキラ選手はオリンピック2連覇を果たしました。さらに1968年のメキシコオリンピックは、標高が高い場所で競技が行われ、同じくエチオピアのマモ・ウォルデ選手が優勝。エチオピア勢によるマラソン3連勝が達成されました。

　その後、エチオピアの隣国ケニアにおいても、その成長は目覚ましく、現在では東アフリカ諸国の高地居住民族出身のランナーが、中長距離界を席巻しています。こうした現状からも、空気の薄い高地に居住してトレーニングを行うランナーの強さが注目されています。

　日本においては、1964年の東京オリンピック後から、4年後のメキシコオリンピックに向けて、開催地の標高が高いということもあって、高地トレーニングの研究が行われていきました。

　その後、高地トレーニングの研究は、さまざまな競技で進められました。持久系競技のみならず、スケート、スキー、自転車、水泳などで、パフォーマンス向上を目的に、高地トレーニングが広く行われるようになっていったのです。水泳の北島康介選手も、高地トレーニングによって成果を上げた選手の一人です。

　日本の陸上競技界では、1990年代から、高地環境を求めて海外に高地トレーニングに出かける選手が現れ、大きな成果をあげるようになっていきました。マラソンの高橋尚子選手、野口みずき選手は、その代表的な存在です。2000年にはシドニーオリンピックで高橋選手が、2004年にはアテネオリンピックで野口選手が、マラソンの金メダルを獲得しています。

　また、高地トレーニングを行っていた彼女たちがマークした当時のタイムは、現在の世界の女子マラソン界でも、十分に通用するものです。当時のレベルの高さには感心させられます。

## 高地の環境に適応することでトレーニング効果が得られる

　高地トレーニングを行うと、どうしてパフォーマンスが向上するのでしょうか。その最大の理由は、大気の酸素濃度が低いことにあります。

　標高の低い土地であれば、大気中の酸素濃度は21％弱あります。ところが、アベベ選手が住んでいたエチオピアの地は、標高が2200m前後であるため、酸素分圧が低く、海面高度に換算した酸素濃度は16％前後しかないのです。酸素濃度のこのわずかな違いは、持久的な運動に大きな影響を及ぼします。標高の高い場所で持久的な運動を行った場合、低

エチオピアのアルシゾーンにあるティルネッシュ・ディババ・スポーツトレーニングセンターで未来の世界チャンピオンを目指してトレーニングを行う若きアスリートたち

地で行うのと同じようにはいきません。筆者は現役時代に彼らのトレーニングを学ぶためにエチオピアを訪れたことがありますが、着いて間もないジョギングでは、苦しくて会話ができないほどでした。そのくらい私たちの体は、酸素濃度の影響を受けてしまいます。

　高地環境では、酸素が薄いことによって、私たちの体は酸素を取り込みにくくなります。そして、その環境に適応するため、体には変化が起きてきます。この変化を利用して競技に生かそうというのが高地トレーニングです。

　酸素が薄い高地環境に長期間滞在すると、体はさまざまな生理反応を起こして、これまでより酸素を取り込める体へと変化していきます。具体的には、次のような変化が起こります。

　まず、赤血球の産生を促すホルモンであるエリスロポエチン（EPO）が増え、それによってヘモグロビン（Hb）濃度が上昇します。

　また、赤血球内でヘモグロビンと酸素との親和性の調節をしている2,3-DGPという物質が増え、ヘモグロビンが結合している酸素を、筋肉などの組織に供給しやすくします。

　その他、毛細血管網が発達することや、ミトコンドリアの数が増えることなどにより、筋肉の酸素摂取能力が向上します。

　このように、血液の赤血球による酸素を運搬する能力が改善することや、これらの作用によって酸素消費能力を改善させることが、運動時のパフォーマンスを向上させます。そこで、これがトレーニングとして取り入れられるようになったのです。

## トレーニングの質と量が低下するのが問題点

　しかし、高地環境による影響は、プラスに作用するものばかりではありません。まず、高地環境におかれても大丈夫な人と、そうでない人がいます。標高2000mを超える環境下では、体調を崩してしまう人が少なくないのです。そこで、トレーニングのときだけでなく、ふだんの生活でも血液をチェックするなど、体調管理をきちんと行う必要があります。

　また、一番のデメリットとしてあげら

れるのは、トレーニングの質（速度）の低下や、量（距離）の低下です。同時代に高地環境と低地環境で行われた競技会の結果を比べてみると、興味深いことがわかります。距離が400mまでの種目では、低地環境より高地環境のほうが記録がよいのですが、800m以上の種目では高地環境のほうが記録が悪くなってしまうのです。

高地では大気圧が低いため、走るときの空気抵抗が少なくなります。短距離種目は酸素濃度が低くてもその影響を受けにくいため、空気抵抗が下がることでいい記録が出るのです。一方、中長距離種目では、空気抵抗が下がることよりも、酸素濃度が低いことが大きく影響するため、高地環境では記録が悪くなってしまいます。もともと高地環境で生活しているランナーでも、その影響を受けます。5000mを12分台で走る世界レベルの選手でさえも、14分を切るのがやっとという状態になるほどです。

そのため、中長距離のトレーニングを行う場合でも、高地環境ではランニング速度が低下し、低地環境で行うトレーニングの質を保つことができません。

また、トレーニング量も減ってしまいます。高地環境では体にかかる負担が大きく、疲労が蓄積していきます。特に高地環境に慣れていない初期には、自律神経の交感神経が優位になってしまうことで、疲労の回復が妨げられてしまうのです。

## 人工的な低酸素環境でのトレーニングも行われている

高地トレーニングで競技力を向上させるには、メリットとデメリットのバランスを考える必要があります。デメリットをできるだけ取り除き、かつメリットを確実に得ることが大事だと考えられています。

そこで登場してきたのが、Levieらが提唱した「リビング・ハイ―トレーニング・ロー」という、高地で生活し、トレーニングは低地で行う画期的な方法です。このやり方だと、高地環境に適応することで起こるメリットを得ることができ、しかもトレーニングの質と量が低下するというデメリットを回避することができます。

ただ、高地と低地の移動を考えると、このトレーニングを長期にわたって行うのは困難です。そこで近年では、人工的に低酸素環境を作り出してトレーニングする方向に発展してきています。

高地環境が低地環境と異なっているのは、主に気圧が低いことと酸素濃度が低いことです。高地トレーニングでは、気圧よりも酸素濃度の低さによって生理的反応が引き起こされることから、気圧はそのままで酸素濃度を下げた低酸素室が使われるようになっているのです。このような人工的に造り出した低酸素環境で生理的な適応を促し、「リビング・ハイ―トレーニング・ロー」を実践する時代になっています。

低迷する日本陸上競技界の中長距離種目において、世界レベルレベルとの差を埋めるには、伝統的な量（距離）だけに頼るトレーニングから、このようなテクノロジーを駆使したトレーニングを導入する方向へと変革していくことが、必要不可欠ではないでしょうか。

# 第 3 章
## トレーニング計画

第3章 トレーニング計画

# 競技力向上に必要な具体的な目標設定

競技力を向上させるためには、意欲的にトレーニングに取り組み、それを継続させなければなりません。目標を設定することは、トレーニングに対する意欲を高め、それを持続させるのに役立ちます。ただ、そのためには、適切な目標を設定する必要があります。ぼんやり描いている夢や、実現する可能性が感じられない目標では、意欲は高まりません。大切なのは、頑張れば実現できると思えるような、現実味のある具体的な目標を設定し、それを達成したときの達成感を得ることです。長期目標、中期目標、短期目標を設定することによって、やる気を失わず、毎日のトレーニングに意欲的に取り組めるようになります。

## 長期、中期、短期の目標を設定

トレーニングを行うとき、意欲的にやるかどうかで、トレーニングの効果は大きく異なってきます。やる気があって、目的を明確にして取り組んでいるランナーは、苦しくなってからも頑張ることができます。それによって、充実したトレーニングになる可能性が高いからです。

反対に、やる気がないままトレーニングを行っていると、予定のペースを維持できなかったり、予定の本数を繰り返せなかったりします。苦しくなったところで、簡単にあきらめてしまうのです。

効果的なトレーニングを行うためには、やる気があり、意欲が充実していることが大切です。その状態を持続させることがで

具体的な目標を設定して競技力向上に向けた取り組みを行う

きれば、日々のトレーニングによって順調に伸びていけるでしょう。

そのために必要となるのが目標です。適切な目標を設定すると、それを実現させようと、トレーニングに対する意欲が高まります。やる気が出てくるのです。

目標は、「長期目標」「中期目標」「短期目標」という3段階に分けて設定します。遠い目標だけ掲げても実現は困難ですし、目先の目標だけ追っていても、大きな成長は望めないからです。

● 長期目標

ランナーとして達成したい年単位の目標を、長期目標として設定します。「インターハイに出場する」「県大会で入賞したい」「オリンピックへ出場する」いろいろな目標が考えられます。あまりにも非現実的なものでは、目標として成り得ません。それが達成できなかったとき、本当に悔しいと思えるかどうかを考えてみましょう。「やっぱりだめだったか」と笑っていられるようなら、それは本当の意味で目標になっていません。実現できなかったら悔しくてたまらない、という目標を設定してください。実現可能性が感じられる目標です。そんな目標を設定できると、そこに向かって意欲を高めることができるのです。

● 中期目標

シーズンの目標を設定します。「5000mで15分を切る」というように記録を目標にしてもいいですし、「県の新人大会で入賞する」といった成績を目標にしてもいいでしょう。長期目標を達成するために、今シーズンは何を目標にすべきかを明確にしておくことは大切です。

● 短期目標

月単位くらいの期間で目標を設定します。中期目標を達成するために、今何をすべきかを明確にしておきます。期間中にレースがあれば、目標タイムや目標順位などを設定しておきます。また、もっと短期の目標となりますが、毎日のトレーニングでも、内容によっては、目標のタイムなどを設定しておくことはよいでしょう。

## 実現できる目標を設定する

目標は高ければ高いほどよい、と考える人がいます。しかし、それは正しいとは言えないでしょう。高すぎる目標を設定してしまうと、頑張ってもそれを達成できない可能性が高いからです。そんなことを何度も何度も繰り返していると、どうせ今度もだめだろう、という気持ちになってしまいます。こうしてトレーニングに対する意欲が低下し、やる気が失われていきます。何回やってもできなかったことを、それでもやり続けるのは困難です。

努力しなければ達成できないけれど、努力さえすれば達成できる、というのが適切な目標です。このような目標を設定すると、目標を達成できたことで、「やればできる」という達成感を得ることができ、意欲を継続することができるのです。もちろん、それぞれの期において、その目標に対して達成できたかどうか、その目標設定は妥当であったかなど、振り返りと確認をし、そして今後へ向けて修正していくことは重要です。それを繰り返すことができれば、常に意欲的にトレーニングに取り組むことができ、順調に競技力を伸ばしていくことができます。

現実的な目標を設定するためには、データを集めることも必要です。たとえば、目標としている競技会があったら、昨年の優勝タイム、入賞者のタイム、決勝進出に必要なタイムなどを調べます。過去数年分を調べてもいいでしょう。そういったデータがそろえば、より具体的な目標を設定することができるようになることでしょう。

第3章 トレーニング計画

## 2 年間計画
## 四季に合わせて計画を立てる

　1年の中で競技会が開かれる季節は大まかに決まっています。その中から重要な競技会を選び出し、そこで最高のパフォーマンスを実現できるように、トレーニングを構築していく必要があります。

　日本では、中長距離走の競技会は、春（4〜6月）と秋（10〜12月）のシーズンに集中しています。そこをレース期とし、その前の冬（1〜3月）と夏（7〜9月）をレースに向けての強化期とします。このように4つの時期に分けることで、それぞれの時期にふさわしいトレーニング計画を立てることができます。

### 春・夏・秋・冬の4つに分ける

　トレーニングは競技会で結果を出すために行います。競技会が開催される時期は決まっていますから、そこに合わせて、トレーニングを構築していく必要があります。まず、年間計画を立てることから始めます。どの競技会を重要視するかによって、多少の違いが出てくる可能性がありますが、多くのランナーにとっては、次のような4つの時期に分けるのが最も合理的でしょう。

●春（4〜6月）

　トラックでの競技会が多く開催される時期で、トラックシーズンといえます。高校生であれば、インターハイにつながる競技会が行われるので、それが重要なレースとなるはずです。

　この時期のトレーニングは、レースに対応するためのスピードを強化する内容が中心になります。また、レースに向けての調整も大切です。

●夏（7〜9月）

　国内では重要な競技会があまり開かれない時期です。例外は全国インターハイで、この大会に出場できたランナーは、インターハイまでトラックシーズンが続くことになります。

　多くのランナーは7月から、全国インターハイに出場した選手はそれが終わってから、夏のシーズンに入ります。この時期は走り込みによる持久力強化と、筋力強化を重視したトレーニングが行われます。

●秋（10〜12月）

　中長距離ランナーにとっては、多くの競技会が開かれる時期です。トラックレースだけでなく、ロードレースや駅伝でも、重要な競技会が開催されます。そこで実力を発揮できるように、スピードを強化するトレーニングが中心になります。

　気温が下がり湿度や風などのコンディションがよい時期であるため、中長距離ランナーにとっては、最も記録が出やすいシーズンでもあります。自己のベストを狙う最

高のシーズンです。

●冬（1～3月）

目標にしていた駅伝など、重要な競技会が終了したところから、冬季シーズンが始まります。

再び強化の時期です。長い距離を走ることで持久力強化を目指すのに加え、クロスカントリーや坂トレーニングなどを積極的に取り入れ、筋力強化にも取り組みます。重視する競技会がないため、思い切って補強運動にも取り組むことができます。

## レース前3ヵ月間で準備する

主にハーフマラソンやマラソンを目指している市民ランナーの場合、前に示したシーズン分けには当てはまらないでしょう。しかし、ただ漠然とトレーニングしていたのでは、レースでの好結果は望めません。そこで、年間計画を立てるのではなく、目標とするレースに向けて3ヵ月間計画を立てることが勧められます。

人間の体は、3ヵ月間で細胞が生まれ変わると言われています。3ヵ月間トレーニングを行うと、その刺激に対して体が反応し、トレーニング効果が現れてきます。そうした点からも、3ヵ月計画は合理的だといえます。

1ヵ月目は、長めの距離走などを多く行い、持久力の強化に取り組みます。こうしたトレーニングによって、毛細血管が発達したり、脂肪によるエネルギー供給高まったりします。こうした変化が現れるのには時間がかかるため、早い時期から始める必要があるのです。

2ヵ月目は、実践的なトレーニングとして、ペースランニングやロングインターバルを増やします。1ヵ月目に比べ、トレーニング強度が高くなります。ただし、持久的なトレーニングも、定期的に入れていく必要があります。

3ヵ月目は、トレーニング強度を維持しながら、トレーニングの量を落としていきます。特にレースの3週間前からは、コンディションを整えることが中心になります。ただし、トレーニングの質は落とさず、目標としているレースペースを意識したトレーニングを行います。

これが、ハーフマラソンやマラソンを目指す場合の3ヵ月計画の基本です。

## トレーニングが偏り過ぎないように

1年を4つの時期に分け、それぞれ目的に合わせたトレーニングを行うことは大切です。しかし、時期によって、トレーニング内容が偏り過ぎないように注意する必要があります。

たとえば、トラックシーズンだからといって、ポイントとなるトレーニングが、インターバルやレペティションなど、スピード強化を目指したものだけになってしまうのは好ましくありません。競技会が続く時期でも、持久力を維持していくためには、長い距離を走る距離走などを定期的に行う必要があります。

逆に、強化期だからといって、長い距離の走り込みばかりになってしまうのも問題です。走りが小さくなり、レースの走りと違う走りを身につけてしまうことになりかねないからです。このような時期でも、スピードを出すトレーニングを定期的に入れておくことが大切です。

シーズンによってトレーニング内容を変えるといっても、全面的に変えるのではなく、持久的なトレーニングやスピード的なトレーニングの比率を変えるだけにします。トレーニングの原則として「全面性の法則」を前述したように、偏り過ぎるトレーニングでは大きな効果は望めないからです。

第3章　トレーニング計画

# 春・スピード強化期
# トラック競技に取り組む

トラックでの競技会が開かれる春季は、まさにトラックシーズンです。冬の間に強化した持久力や筋力を維持しながら、レースで必要となる実戦的な能力を身につけるため、スピードを強化するトレーニングに取り組みます。中心となるトレーニングは、ショートインターバル、ロングインターバル、レペティション、タイムトライアル、ペースランニングなどです。シーズン初めは距離の短いレースやタイムトライアルで、速いペースに慣れ、目指す競技会で最高のパフォーマンスを発揮できるようにします。

## 短い距離のレースでスピードを体験

春にはトラックでの競技会が数多く開かれます。高校生であれば、インターハイの地区予選や都道府県予選も、この時期に行われます。そこで満足できる結果を残すために、春先から準備を進めていく必要があります。

冬の間は、強化期として持久力向上を目指した長い距離のトレーニングや、筋力向上を目指したトレーニングに取り組んできたはずです。そのようにして養われた体力を基礎としてその上にスピードを出すための能力を構築していかなければなりません。

たとえば、冬季トレーニングでは、クロスカントリーでのスピードトレーニングや、坂トレーニングなどで、スピードを出せる動きや筋力を養成してきました。しかし、斜面を走っているときの動きは、レースでの走りと似てはいますが、まったく同じではありません。そこで、目標とするレースを走る前に、トラックで速いペースに慣れる準備段階が必要になります。

そのために勧められるのが、目標とするレースの距離よりやや短い距離のレースやタイムトライアルを体験しておくことです。たとえば、5000mを目指しているランナーであれば、1500mや3000mが適当です。

シーズン初めのこの時期、5000mでは目標としているペースで走ることはなかな

トラックレースが続く春のシーズンはスピードトレーニングをメインに実施

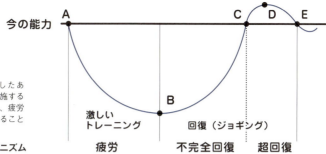

Aでトレーニングを実施したあと、Dでトレーニングを実施するのが理想。トレーニング後、疲労から元の状態以上に回復することを超回復という

図3-3-1 超回復のメカニズム

か困難です。しかし、距離が短ければ、速いペースで走ることができ、冬に強化した能力を実戦に生かすためのステップとすることができます。

シーズンの初めに短い距離のレースに出場することは、トップクラスのランナーもよく行っています。冬から春にスムーズに移行することが、トラックシーズンの好成績につながるからです。短い距離のレースやタイムトライアルを経験することは、次のレースによい影響を及ぼします。

目指している種目よりも短い距離のレースやタイムトライアルを行ったときには、その後に持久的なトレーニングを組み合わせると、持久力の維持に役立ちます。当日あるいは翌日に、ゆっくり長く走るトレーニングを行うのです。こうすることで、目標とするレースに必要な能力を、バランスよく強化していくことができます。

## 十分な休養でメリハリをつける

トラックシーズンのポイント練習は、スピードトレーニングが中心となります。強化期間であった冬季トレーニングに比べると、ショートインターバル、ロングインターバル、レペティション、タイムトライアル、ペースランニングなどの割合が増えます。

これらによって、スピードを出すために必要な筋力や、呼吸循環系の能力を強化し、レースで必要となるスピードを、余裕を持って出せるようにしていきます。

ただ、持久的なトレーニングも定期的に行い、持久力を維持していくことも、中長距離ランナーとしては必要です。週に2回ないし3回のポイント練習を、すべてをスピードトレーニングにしてしまうのではなく、1週間～10日に1回は、距離走を行うようにするとよいでしょう。

スピードトレーニングは、体に大きな負荷を与えるので、実施した翌日には、ジョギングなど休養を目的としたトレーニングを行います。休養することによって、体はトレーニング効果を獲得することができます（図3-3-1参照）。したがって、翌日のジョギングまで含めて、トレーニングが完結するのです。スピードトレーニングと休養のジョギングは、セットで考えるようにします。

また、スピードトレーニングを高いレベルで実施するためには、疲労のたまっていない状態で行う必要があります。さらに、スピードトレーニングの前日がジョギングであれば、100mを数本行う「流し」を入れるなどして、目標としているトレーニングペースで走っておくことも勧められます。動きづくりのドリルなどを行うのもいいでしょう。そういった準備を行うことで、質の高いスピードトレーニングが可能になるのです。

第3章　トレーニング計画

# 4 夏・トレーニング期
## 持久力強化と補強に取り組む

　重要な競技会が開かれない夏季は、中長距離ランナーの土台となる持久力を強化する絶好の時期です。合宿なども利用して、長い距離を走る持久的なトレーニングに取り組みます。それによって、毛細血管の発達が促されたり、糖質に頼らないエネルギー供給がスムーズに行えるようになったりします。持久的な能力は、短期間には向上しませんが、継続することで徐々に向上していきます。また、補強トレーニングも積極的に行います。故障しにくい体作り、スピードを出せる体作りに取り組むことも、この時期の重要な課題です。

## 持久力の底上げを第一に考える

　春のトラックシーズンが終了したところから、夏のトレーニング期が始まります。一般的には、7～9月頃を夏季としていますが、競技会のスケジュールに合わせ、臨機応変に期分けを行えばよいでしょう。たとえば、全国インターハイまで進んだランナーは、8月初めの全国インターハイが終了した時点で、トラックシーズンが終了することになります。

　欧米では夏がトラックシーズンで、この時期にトラックの競技会が集中します。しかし、日本の夏は高温多湿で競技に適さないため、春と秋に重要な競技会が開かれます。そのため、夏は秋からのシーズンに向けた強化期間という位置づけになります。

　この時期は、次の競技会まで十分期間がありますので、持久的なトレーニングなど、量を重視して長い距離を走り込むようにします（図3-4-1）。

　スピードを追求した強度の高いトレーニングは試合が近づいてからでも大丈夫です。

　高校生でも、15～20km程度の距離走や、12000m程度のペースランニングを増やすといいでしょう。距離走では、スピードを求める必要はありません。最初は無理をせず、「ゆっくり20kmを走ってみよう」というくらいから始めます。一度で長い距離を走れない場合には、朝、午前、午後な

強化期の夏は熱中症や貧血に気をつけながら長い距離を走り込む

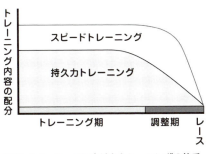

図 3-4-1　レースに向けたトレーニングの比重

どに分けて走ってもよいでしょう。慣れてきたら一度に通して走るようにし、距離走のペースも少しづつ上げていきます。

これらのトレーニングにより、毛細血管の発達が促されたり、糖質に頼らないエネルギー供給がスムーズに行われるようになったりします。このような持久的な能力は、身につけるのに時間がかかります。しかし、夏は重要な競技会がないので、時間をかけて持久力強化に取り組むことができます。

## トレーニングに変化をつける

夏のトレーニングではスピードを高めたものより量を重視します。ただし、走る距離を増やそうとするあまり、ジョギングやゆっくりしたペースでの距離走ばかり繰り返しているのはよくありません。人間の体は、同じ刺激を繰り返し与えていると、それに慣れてしまい、大きな効果が得られなくなってしまいます。

また、ゆっくりしたペースでのトレーニングが繰り返されると、そのペースで走るのに適したフォームが身についてしまいます。レースで必要となる走りとは違い、小さな走りが身についてしまうのです。ゆっくりしたペースのトレーニングばかりになってしまってはいけないのは、そのためです。トレーニングの量を確保しながら、走りに変化をつけることも考える必要があります。

たとえば、距離走を定期的に行うとしても、距離、ペース、トレーニング場所などに変化をつけるようにします。また、インターバルを行ったり、流しを行ったりするのも効果的です。トラックシーズンのような頻度で行う必要はありませんが、ときどき行うことで、筋に刺激を与えることでフォームが小さくなったり、スピードが鈍ったりするのを防ぐことができます。

## 筋力強化にも取り組む期間

筋力トレーニングは1年を通して行う必要があります。しかし、競技会が続くシーズンには、体調を整える必要があるため、なかなか思い切った筋力トレーニングが行えません。その点、夏は競技会が少ないので、筋力トレーニングを継続して行うことができます。

夏は、精神的に最もリラックスして、トレーニングを行える時期でもあります。競技会まで長い期間があるので、1日1日の体調をあまり気にする必要はありません。神経質になりすぎないようにし、ゆったりした気持ちでトレーニングに取り組みましょう。

## 熱中症や貧血を予防する

高温多湿の季節に量の多いトレーニングをこなすのですから、体にダメージが残らないように注意する必要があります。ぜひ避けなければいけないのが熱中症です。適切な水分補給はもちろん、熱を逃がしやすいウエアを着用することや、なるべく涼しい時間帯に練習することも大切です。

また、夏には貧血も起こりやすい傾向があります。栄養のバランスがとれた食事を心がけ、鉄分などが不足しないようにしましょう。

第3章　トレーニング計画

# 5 秋・ロードレース期 充実した結果を出す

秋季は中長距離種目にとって最も記録が出やすいシーズンです。そのため、トラックでもロードでも、多くのレースが行われるようになります。駅伝もあり、多くの中長距離ランナーにとって、大きな目標となっています。トレーニングでは、夏季に養成した持久力を失わないようにしながら、レースに対応できるスピードを取り戻していきます。中心となるのはスピードトレーニングですが、持久力を失わないことも大切です。記録会に出場し、積極的に自己記録の更新を目指すことも勧められます。

## 多くの競技会が開催されるシーズン

夏から秋になって気温や湿度が下がってくると、中長距離種目では好記録が出るようになります。秋は1年の中で、最も記録が出やすいシーズンだと言っていいでしょう。実際、この季節には、多くの中長距離ランナーが自己ベスト記録をマークしています。

この時期には、トラックレース、ロードレース、駅伝などの競技会が多く開催されます。重要な大会も多く、この季節に行われる大会を、年間の最大の目標にしているランナーも多いことでしょう。

適切なトレーニングを行うことで、目標とする大会でしっかりと結果を残したいものです。

## スピードを取り戻す

夏の間は、持久力強化期間として、距離走など持久的なトレーニングを中心に行ってきているため、すぐにはレースのスピードに対応できません。そこで、スピードを取り戻すためのトレーニングが必要になります。

持久的なトレーニングを中心に行うことで、スピードが失われてしまうわけではありません。距離走などを繰り返し行っていると、省エネの走りが身につき、どうしてもフォームが小さくなる傾向があります。

ロードレースが増える秋のシーズン。トレーニングではスピードの回復を意識する

そのため、スピードが出にくくなっているのです。

スピードが失われたのではなく、持久的なトレーニングで、スピードが隠れてしまった状態と考えたほうがよいでしょう。そこで、レースのスピードに対応できるランニングフォームを、取り戻す必要があります。

そのためにはスピードトレーニングが必要ですが、いきなり1000m×5本などのインターバルを行うのは、体への負担が大きすぎます。まずは、ジョギングの後に100m前後の流しを加えることから始めます。その後、300m×10本や、400m×10本などのインターバルを行うようにします。やりやすいトレーニングから、徐々に行っていくのです。

このように、速い動きのトレーニングを行うと、筋線維のタイプⅡ（速筋線維）が働くようになり、レースペースに対応できる動きが可能な体に変化していきます。

## 週に1回は持久的なトレーニングを

レースシーズンですから、スピードトレーニングが中心になるのは当然です。しかし、そればかりになってしまうと、夏のトレーニングで養成してきた持久力が、失われることになりかねません。

夏はスタミナ強化、秋はスピード強化というように、極端にトレーニング内容を変えてしまうのではなく、スピードトレーニングを中心にしながらも、持久力を維持する意識を持ってトレーニングに取り組むことが大事です。

具体的には、週に1回は持久力を維持するためのトレーニングを採り入れるようにします。ジョギングの距離を延ばしたり、ペースランニングの距離を延ばしたりすることで対応できます。

## 記録会で積極的に記録を目指す

この季節には、トラックでの記録会もよく開催されます。自己記録の更新などを目標にして、積極的に出場してみるとよいでしょう。

記録会では、多くの場合、記録のレベルに応じた組分けが行われます。そのため、自分と同程度の実力を持つランナーたちと、競り合いながらレースを進めることができます。競り合うことで、好記録が出やすいのです。

重要な大会では、思い切ったペースでレースを進めるのは難しいでしょう。しかし、記録会であれば、高い目標タイムを設定して、挑戦してみることもできます。それによって、思いがけない好記録が出ることもあるでしょう。失敗したとしても、現時点における自分の実力を知るよい機会になります。

## ロードでのトレーニングを多用しない

ロードレースや駅伝を目指す場合でも、ロードでのトレーニングを多用するのは好ましくありません。ロードのような硬い路面でのトレーニングが多くなると、どうしても故障が起こりやすくなるからです。

故障を防いでトレーニングに継続性をもたせるためにも、ロードに偏らず、できるだけ軟らかい路面で走るようにするとよいでしょう。

特に中学生ランナーや高校生ランナーは、成長段階にあるため、硬い路面の影響を受けやすいと言えます。故障を起こさないためには、土のグラウンドなど、柔らかい路面で行うトレーニングを中心に行うべきです。

第3章 トレーニング計画

# 6 冬・トレーニング期
## 地形を利用して強化

冬季は夏季と同様、基礎的なトレーニングに集中できる強化期間です。寒さによって速いペースでのトレーニングは困難になるため、長い距離を走ることで持久力の向上を目指します。また、クロスカントリーや坂トレーニングなど、地形を利用したトレーニングを採り入れることで、筋力の強化も目指すことができます。春季のレースシーズンは短いため、冬季終盤にはレースペースを意識したトレーニングも取り入れていきます。

### 持久力と筋力の向上を目指す

冬は、1～3月くらいの時期を指します。目標としているロードレースや駅伝が行われている間は秋のレースシーズンと考え、それが終了したところから冬が始まります。たとえば、1月に目標としている駅伝がある場合には、そこまでをレースシーズンと考え、その大会が終了したところから、冬季のトレーニングを開始します。

冬は、ロードレースは行われていますが、トラックレースはありません。基本的には

冬季は強化期。クロスカントリーや坂トレーニングで筋力強化を目指す

## トレーニング計画のポイント

| | 春<br>(4～6月) | 夏<br>(7～9月) | 秋<br>(10～12月) | 冬<br>(1～3月) |
|---|---|---|---|---|
| 主なレース | トラックレース | 強化時期 | トラックレース、ロードレース、駅伝 | 強化時期 |
| 鍛えるポイント | スピードの強化 | 筋力のアップ、走り込みによる持久力のアップ、故障予防のための補強運動 | 各種目に必要な機能の強化、スピードの強化、持久力のアップ | 筋力のアップ、持久力のアップ、故障予防のための補強運動 |
| 目標例 | ●1500mで5秒、5000mで10秒自己ベスト更新<br>●県大会入賞、地区大会進出 | ●8月は月間500km以上走破<br>●10マイルの距離走を4回実施<br>●補強トレーニングの強度を上げる | ●5000mでさらに10秒記録短縮<br>●ロードレースに挑戦<br>●県駅伝で区間5位 | ●週1回10kmのクロカン走実施<br>●スピード向上のための筋力アップ<br>●体幹トレーニングの継続 |

表3-6-1 1年の分け方と強化のポイント（高校生男子の例）

トレーニング期と考え、春のレースシーズンに向けての強化に取り組みます。

気温が低すぎるため、スピードを上げたトレーニングを行うのは難しくなります。そこで、長い距離を走ることで、持久力を向上させるトレーニングが中心になります。

もう一つは筋力の向上です。クロスカントリーや坂トレーニングなど、地形を利用したトレーニングを積極的に取り入れることで、走りながら筋力を強化することができます。目標としているレースが行われない季節なので、思い切って基礎的なトレーニングに打ち込むことができます。

### レースシーズンへの移行を意識する

冬季の終盤には、春のレースシーズンに向けた準備も必要です。

春と秋のレースシーズンを比べると、春は期間が短いのが特徴です。6月が梅雨に入ってしまうため、競技会は4月と5月に集中して開催されます。全国大会に向けた都道府県大会や地区大会が行われることを考えれば、4月からレースで実力を発揮できる状態に仕上げておく必要があります。

そのため、冬季の終盤には、レースシーズンに向けての準備が必要になるのです。具体的には、3月くらいからは、レースでの動きやペースを意識し、レースに近いペースでのトレーニングを、少しずつ取り入れるようにします。暖かくなってくるため、スピードを上げたトレーニングも、無理なく行えるようになります。

このようにして、冬から春への移行をスムーズにすることが、春のレースシーズンの成績を大きく左右します。

第3章 トレーニング計画

# 7 種目別トレーニングメニュー

どの種目でもトレーニング計画は、目指すレースやその目標を明確にし、トレーニングの原則に従って立てることが基本です。特に日々行うトレーニングメニューは、量と強度をよく考えて偏った内容にならないようにバランスよく構成する必要があります。競技力の高いランナー用のメニューがあったとして、それを試しにやってみたとしても、その効果を誰もが得られるわけではないでしょう。各個人のレベルを考慮し適切に行わなければなりません。

## メニューを個人に落としこむ

ここではトレーニングメニューの一部を種目別に具体的にご紹介いたします。メニューは春・秋（通常期）のパターンAとパターンB、夏・冬（強化期）のパターンC、試合前の4パターンを用意しました。パターンAはハードトレーニング用、Bはイージートレーニング用のメニューです。個々メニューはすべて、第1章と第2章に紹介している考え方を踏まえて行います。タイム設定は、各々のレベルと体調に合わせて行うようにしましょう。

### 参考：箱根駅伝選手のレース直前の具体例

| | | メニュー | 設定 | |
|---|---|---|---|---|
| 試合前 | 14日前 | 25km走 | 1°27'30" | 距離走 |
| | 13日前 | ジョギング | 50分ジョグ | ジョギング |
| | 12日前 | ジョギング | 80分ジョグ | ジョギング |
| | 11日前 | ジョギング | 60分ジョグ＋150m×3本（流し） | ジョギング |
| | 10日前 | 5000m×2本　R400m(2分) | ①15'00"　②14'45" | インターバル |
| | 9日前 | ジョギング | 70分ジョグ | ジョギング |
| | 8日前 | ジョギング | 60分ジョグ | ジョギング |
| | 7日前 | 12000mペースランニング | 77"〜75" | ペースランニング |
| | 6日前 | ジョギング | 60分ジョグ | |
| | 5日前 | ジョギング | 50分ジョグ＋150m×3本（流し） | |
| | 4日前 | 3000m×1本 | 8'45"〜8'50" | |
| | 3日前 | ジョギング | 50分ジョグ | 調整 |
| | 2日前 | ジョギング | 40分ジョグ＋150m×3本（流し） | |
| | 前日 | 1000m×1本 | レースペースよりも少し速く | |
| | 当日 | 箱根駅伝 | | |

R:リカバリー、インターバルのつなぎ区間

## ■ 800m

| | | メニュー | 設定 | |
|---|---|---|---|---|
| パターンA | 月曜日 | ジョギング | 50〜60分ジョグ+150m×3〜5本(流し) | ジョギング |
| | 火曜日 | 150m×5本 3セット R150mウォーク/15分 | 目標レースペースより速く | インターバル |
| | 水曜日 | ジョギング | 60分ジョグ | ジョギング |
| | 木曜日 | 400m×3本 レペテイション R15分 | 目標レースペース | レペテイション |
| | 金曜日 | ジョギング | 60分ジョグ+100m×3本(流し) | ジョギング |
| | 土曜日 | 300m×5本 3セット R'45〜'50/15分 | 1500mベスト相当ペース | インターバル |
| | 日曜日 | クロスカントリー | 15kmジョグ | クロスカントリー |
| パターンB | 月曜日 | ジョギング | 50〜60分ジョグ+150m×3〜5本(流し) | ジョギング |
| | 火曜日 | 600m・300m・200m 2セット R走行時間と同じ/20分 | 目標レースペース | インターバル |
| | 水曜日 | ジョギング | 50〜60分ジョグ | ジョギング |
| | 木曜日 | ジョギング | 60分ジョグ+100m×3本(流し) | ジョギング |
| | 金曜日 | 300m×4本 レペテイション R15分 | 目標レースペースより速く | レペテイション |
| | 土曜日 | ジョギング | 50分ジョグ | ジョギング |
| | 日曜日 | クロスカントリー | 10kmジョグ | クロスカントリー |
| パターンC | 月曜日 | ジョギング | 50〜60分ジョグ+150m×3〜5本(流し) | ジョギング |
| | 火曜日 | 坂100m×10本(斜度5%) Rウォーク | 目標レースペース | 坂トレーニング |
| | 水曜日 | ジョギング | 50〜60分ジョグ | ジョギング |
| | 木曜日 | クロスカントリー | 10kmジョグ | クロスカントリー |
| | 金曜日 | ジョギング | 50〜60分ジョグ | ジョギング |
| | 土曜日 | 600m×4本 R600m | 目標レースペースよりやや遅く | インターバル |
| | 日曜日 | クロスカントリー | 15kmジョグ | クロスカントリー |
| 試合前 | 月曜日 | ジョギング | 60分ジョグ | ジョギング |
| | 火曜日 | ジョギング | 50分ジョグ+150m×3〜5本(流し) | ジョギング |
| | 水曜日 | 600m+200m×2本 レペテイション R400m(2分)/15分 | 目標レースペース | レペテイション |
| | 木曜日 | ジョギング | 50分ジョグ | ジョギング |
| | 金曜日 | ジョギング | 50分ジョグ | ジョギング |
| | 土曜日 | 8000mペースランニング | LT値より2秒、3秒遅く(400m) | ペースランニング |
| | 日曜日 | ジョギング | 50分ジョグ | ジョギング |
| | 月曜日 | ジョギング | 40分ジョグ+100m×3〜5本(流し) | |
| | 火曜日 | 300m×2本 3セット R'45〜'50/15分 | 目標レースペース | |
| | 水曜日 | ジョギング | 40分ジョグ | |
| | 木曜日 | 150m×3本 3セット Rウォーク/15分 | 目標レースペースよりも少し速く | 調整 |
| | 金曜日 | ジョギング | 30分ジョグ+150m×3本(流し) | |
| | 土曜日 | 200m×3本 Rフリー | 目標レースペースよりも少し速く | |
| | 日曜日 | 800mレース | | |

R: リカバリー、インターバルのつなぎ区間

# 第3章 トレーニング計画

## 7 種目別トレーニングメニュー

### ■ 1500 m

| | | メニュー | 設定 | |
|---|---|---|---|---|
| パターンA | 月曜日 | ジョギング | 50分ジョグ | ジョギング |
| | 火曜日 | 600m・400m・300m・200m　3セット　R走行時間と同じ/15分 | 目標レースペース(600mはプラス5秒) | インターバル |
| | 水曜日 | ジョギング | 60分ジョグ | ジョギング |
| | 木曜日 | 8000mペースランニング | LT値 | ペースランニング |
| | 金曜日 | ジョギング | 60分ジョグ | ジョギング |
| | 土曜日 | ジョギング | 40分ジョグ＋100m×3本(流し) | ジョギング |
| | 日曜日 | 400m×5本　R15分 | 目標レースペースよりも速く | レペティション |
| パターンB | 月曜日 | ジョギング | 60分＋100m×3本(流し) | ジョギング |
| | 火曜日 | 150m×5本　3セット　R150mウォーク/15分 | 目標レースペースよりも速く | インターバル |
| | 水曜日 | ジョギング | 50分ジョグ | ジョギング |
| | 木曜日 | クロスカントリー | 12〜15kmジョグ | クロスカントリー |
| | 金曜日 | ジョギング | 50分ジョグ | ジョギング |
| | 土曜日 | 300m×5本　3セット　R走行時間と同じ/15分 | 目標レースペース | インターバル |
| | 日曜日 | ジョギング | 60分ジョグ | ジョギング |
| パターンC | 月曜日 | ジョギング | 50〜60分＋150m×3〜5本(流し) | ジョギング |
| | 火曜日 | 1000×4本　R200m | LT値よりも速く | インターバル |
| | 水曜日 | ジョギング | 50〜60分ジョグ | ジョギング |
| | 木曜日 | クロスカントリー | 10kmジョグ | クロスカントリー |
| | 金曜日 | ジョギング | 50〜60分ジョグ | ジョギング |
| | 土曜日 | 坂150m(斜度5%)×15本　Rジョギング(ゆっくり) | 目標レースペース | 坂トレーニング |
| | 日曜日 | クロスカントリー | 20kmジョグ | クロスカントリー |
| 試合前 | 月曜日 | ジョギング | 60分ジョグ＋100m×3本(流し) | ジョギング |
| | 火曜日 | 300m×5本　3セット　R走行時間と同じ/10分 | 目標レースペースよりも速く | インターバル |
| | 水曜日 | ジョギング | 50分ジョグ | ジョギング |
| | 木曜日 | ジョギング | 50分ジョグ＋100m×3本(流し) | ジョギング |
| | 金曜日 | 8000mペースランニング | LT値より2秒、3秒遅く(400m) | ペースランニング |
| | 土曜日 | ジョギング | 60分ジョグ | ジョギング |
| | 日曜日 | ジョギング | 50分ジョグ＋100m×3本(流し) | ジョギング |
| | 月曜日 | 600m・400m・300m・200m　2セット　R走行時間と同じ/15分 | 目標レースペース | |
| | 火曜日 | ジョギング | 40分ジョグ | |
| | 水曜日 | ジョギング | 40分ジョグ＋100m×3本(流し) | 調整 |
| | 木曜日 | 300m×3本　2セット　R'45〜'50/10分 | 目標レースペース | |
| | 金曜日 | ジョギング | 30分ジョグ | |
| | 土曜日 | 400m＋200m　R200m(1分) | 目標レースペース | |
| | 日曜日 | 1500mレース | | |

R：リカバリー、インターバルのつなぎ区間

## ■ 5000 m

| | | メニュー | 設定 | |
|---|---|---|---|---|
| パターンA | 月曜日 | ジョギング | 50〜60分ジョグ+150m×3〜5本(流し) | ジョギング |
| | 火曜日 | 400m×15本　R200m(1分) | 目標レースペース | インターバル |
| | 水曜日 | ジョギング | 60分ジョグ | ジョギング |
| | 木曜日 | 8000mペースランニング | LT値 | ペースランニング |
| | 金曜日 | ジョギング | 50〜60分ジョグ+150m×3〜5本(流し) | ジョギング |
| | 土曜日 | ジョギング | 60分ジョグ | ジョギング |
| | 日曜日 | クロスカントリー | 12〜20kmジョグ | クロスカントリー |
| パターンB | 月曜日 | ジョギング | 50〜60分+150m×3〜5本(流し) | ジョギング |
| | 火曜日 | 1000m×5本　R400mor200m | 目標レースペースもしくは少し速く | インターバル |
| | 水曜日 | ジョギング | 50分ジョグ | ジョギング |
| | 木曜日 | ジョギング | 70分ジョグ | ジョギング |
| | 金曜日 | ジョギング | 60分ジョグ+150m×3本(流し) | ジョギング |
| | 土曜日 | クロスカントリー | 15〜20kmジョグ | クロスカントリー |
| | 日曜日 | ジョギング | 60分ジョグ | ジョギング |
| パターンC | 月曜日 | ジョギング | 50〜60分ジョグ+150m×3〜5本(流し) | ジョギング |
| | 火曜日 | 1000×5本　R15分 | 最大酸素摂取量90%以上 | レペティション |
| | 水曜日 | クロスカントリー | 15〜20kmジョグ | クロスカントリー |
| | 木曜日 | ジョギング | 60分ジョグ | ジョギング |
| | 金曜日 | ジョギング | 50〜60分ジョグ | ジョギング |
| | 土曜日 | 12000mペースランニング | LT値 | ペースランニング |
| | 日曜日 | クロスカントリー | 12〜15kmジョグ | クロスカントリー |
| 試合前 | 月曜日 | 12000mペースランニング | LT値 | ペースランニング |
| | 火曜日 | ジョギング | 50分ジョグ | ジョギング |
| | 水曜日 | ジョギング | 50〜60分ジョグ+150m×3本(流し) | ジョギング |
| | 木曜日 | 1000m×5本　R200mor400m | 目標レースペースもしくは少し速く | インターバル |
| | 金曜日 | ジョギング | 60〜70分ジョグ | ジョギング |
| | 土曜日 | ジョギング | 50分ジョグ | ジョギング |
| | 日曜日 | 8000mペースランニング | LT値 | ペースランニング |
| | 月曜日 | ジョギング | 50〜60分ジョグ+150m×3本(流し) | |
| | 火曜日 | ジョギング | 40分ジョグ | |
| | 水曜日 | 2000m×1本 | 目標レースペース | |
| | 木曜日 | ジョギング | 40分ジョグ | 調整 |
| | 金曜日 | ジョギング | 30〜40分ジョグ+150m×3本(流し) | |
| | 土曜日 | 1000m×1本 | 目標レースペース | |
| | 日曜日 | 5000mレース | | |

R：リカバリー、インターバルのつなぎ区間

## 第3章 トレーニング計画

## 7 種目別トレーニングメニュー

### ■ 10000 m

| | | メニュー | 設定 | |
|---|---|---|---|---|
| パターンA | 月曜日 | ジョギング | 50〜60分ジョグ | ジョギング |
| | 火曜日 | ジョギング | 60分ジョグ+150m×3〜5本(流し) | ジョギング |
| | 水曜日 | 2000m×5本　R400m(2分) | 目標レースペースよりもプラス1〜2秒(400m)ゆとりをもつ | インターバル |
| | 木曜日 | ジョギング | 60分ジョグ | ジョギング |
| | 金曜日 | クロスカントリー | 15〜20kmジョグ | クロスカントリー |
| | 土曜日 | ジョギング | 60〜70分ジョグ | ジョギング |
| | 日曜日 | 12000mペースランニング | LT値 | ペースランニング |
| パターンB | 月曜日 | ジョギング | 50〜60分ジョグ+150m×3〜5本(流し) | ジョギング |
| | 火曜日 | 1000m×8〜10本　R200m(1分) | 目標レースペース | インターバル |
| | 水曜日 | ジョギング | 50〜60分ジョグ | ジョギング |
| | 木曜日 | クロスカントリー | 15〜20kmジョグ | クロスカントリー |
| | 金曜日 | ジョギング | 60分ジョグ | ジョギング |
| | 土曜日 | ジョギング | 60分ジョグ+200m×3〜5本 | ジョギング |
| | 日曜日 | クロスカントリー | 10kmジョグ | クロスカントリー |
| パターンC | 月曜日 | ジョギング | 50〜60分ジョグ+150m×3〜5本(流し) | ジョギング |
| | 火曜日 | 15000mペースランニング | LT値より2秒、3秒遅く(400m) | ペースランニング |
| | 水曜日 | クロスカントリー | 15〜20kmジョグ | クロスカントリー |
| | 木曜日 | ジョギング | 60分ジョグ | ジョギング |
| | 金曜日 | ジョギング | 50〜60分ジョグ | ジョギング |
| | 土曜日 | 5000m×2本　R1000m(5分) | 目標レースペースよりもプラス1〜2秒(400m)ゆとりをもつ | インターバル |
| | 日曜日 | クロスカントリー | 12〜15kmジョグ | クロスカントリー |
| 試合前 | 月曜日 | クロスカントリー | 15〜20kmジョグ | クロスカントリー |
| | 火曜日 | ジョギング | 60分ジョグ | ジョギング |
| | 水曜日 | ジョギング | 50〜60分ジョグ+150m×3本 | ジョギング |
| | 木曜日 | 2000m×4本　R400m(2分) | 目標レースペースもしくは少し速く | インターバル |
| | 金曜日 | ジョギング | 60〜70分ジョグ | ジョギング |
| | 土曜日 | ジョギング | 60分ジョグ | ジョギング |
| | 日曜日 | 12000mペースランニング | LT値より2秒、3秒遅く(400m) | ペースランニング |
| | 月曜日 | ジョギング | 50〜60分ジョグ | ジョギング |
| | 火曜日 | ジョギング | 50分ジョグ+150m×3本(流し) | |
| | 水曜日 | 3000m×1本 | 目標レースペース | |
| | 木曜日 | ジョギング | 40分ジョグ | 調整 |
| | 金曜日 | ジョギング | 30〜40分ジョグ+150m×3本(流し) | |
| | 土曜日 | 1000m×1本 | 目標レースペース | |
| | 日曜日 | 10000mレース | | |

R:リカバリー、インターバルのつなぎ区間

## ■ 3000 m障害

| | | メニュー | 設定 | |
|---|---|---|---|---|
| パターンA | 月曜日 | ジョギング | 50〜60分ジョグ+150m×3〜5本(流し) | ジョギング |
| | 火曜日 | 1000m×4本　R15分 | 目標レースペースよりも速く | レペテイション |
| | 水曜日 | 15〜20km走 | ジョギングよりも速く、ペースランニングよりも遅く | 距離走 |
| | 木曜日 | ジョギング | 50分ジョグ | ジョギング |
| | 金曜日 | ジョギング | 60〜80分ジョグ | ジョギング |
| | 土曜日 | 8000ペースランニング | LT値を目標としたペース | ペースランニング |
| | 日曜日 | ジョギング | 60分ジョグ | ジョギング |
| パターンB | 月曜日 | ジョギング | 50〜60分ジョグ+150m×3〜5本(流し) | ジョギング |
| | 火曜日 | 400m×15本　R200m(1分) | 目標レースペース | インターバル |
| | 水曜日 | ジョギング | 50分ジョグ | ジョギング |
| | 木曜日 | クロスカントリー | 10kmジョグ | クロスカントリー |
| | 金曜日 | ジョギング | 60分ジョグ | ジョギング |
| | 土曜日 | クロスカントリー | 15〜20kmジョグ | クロスカントリー |
| | 日曜日 | ジョギング | 60分ジョグ | ジョギング |
| パターンC | 月曜日 | ジョギング | 50〜60分ジョグ+150m×3〜5本(流し) | ジョギング |
| | 火曜日 | 2000×3本　R400m(2分) | 最大酸素摂取量80%以上 | インターバル |
| | 水曜日 | クロスカントリー | 15〜20kmジョグ | クロスカントリー |
| | 木曜日 | ジョギング | 50分ジョグ | ジョギング |
| | 金曜日 | 1000×4本　R15分 | 最大酸素摂取量90%以上 | レペテイション |
| | 土曜日 | 坂150m(斜度5%)×15本　Rジョギング(ゆっくり) | 目標レースペース | 坂トレーニング |
| | 日曜日 | クロスカントリー | 12〜15kmジョグ | クロスカントリー |
| 試合前 | 月曜日 | 300×5本　3セット　R'45〜'50/10分 | 目標レースペースよりも速く | インターバル |
| | 火曜日 | ジョギング | 50分ジョグ | ジョギング |
| | 水曜日 | ジョギング | 50〜60分ジョグ+150m×3本(流し) | ジョギング |
| | 木曜日 | 1000×5本　R200mor400m | 5000mのベストタイムのペース | インターバル |
| | 金曜日 | ジョギング | 60〜70分ジョグ | ジョギング |
| | 土曜日 | ジョギング | 50分ジョグ | ジョギング |
| | 日曜日 | 8000mペースランニング | LT値より2秒、3秒遅く(400m) | ペースランニング |
| | 月曜日 | ジョギング | 50〜60分ジョグ | ジョギング |
| | 火曜日 | ジョギング | 50分ジョグ | ジョギング |
| | 水曜日 | 2000m×1本 | 目標レースペースより少し速く<br>※障害トレーニング実施 | 調整 |
| | 木曜日 | ジョギング | 40分ジョグ | |
| | 金曜日 | ジョギング | 40分ジョグ+150m×3本(流し) | |
| | 土曜日 | 600m×1本 | 目標レースペースより少し速く | |
| | 日曜日 | 3000m障害レース | | |

R:リカバリー、インターバルのつなぎ区間

## 第3章　トレーニング計画

# 7　種目別トレーニングメニュー

## ■ハーフマラソン

| | | メニュー | 設定 | |
|---|---|---|---|---|
| パターンA | 月曜日 | ジョギング | 50〜60分ジョグ | ジョギング |
| | 火曜日 | ジョギング | 60分ジョグ＋150m×3〜5本（流し） | ジョギング |
| | 水曜日 | 5000m×2　R1000m(5分) | LT値または少し速く | インターバル |
| | 木曜日 | ジョギング | 60分ジョグ | ジョギング |
| | 金曜日 | クロスカントリー | 15〜20kmジョグ | クロスカントリー |
| | 土曜日 | ジョギング | 60〜70分ジョグ | ジョギング |
| | 日曜日 | 12000mペースランニング | LT値 | ペースランニング |
| パターンB | 月曜日 | ジョギング | 50〜60分ジョグ＋150m×3〜5本（流し） | ジョギング |
| | 火曜日 | 2000m×5本　R400m(2分) | LT値より少し速く | インターバル |
| | 水曜日 | ジョギング | 50〜60分ジョグ | ジョギング |
| | 木曜日 | ジョギング | 15〜20kmジョグ | ジョギング |
| | 金曜日 | ジョギング | 60分ジョグ | ジョギング |
| | 土曜日 | クロスカントリーまたはロード | クロスカントリー20kmまたはロード30kmゆとりをもったペース | クロスカントリー、距離走 |
| | 日曜日 | ジョギング | 60分ジョグ | ジョギング |
| パターンC | 月曜日 | 15000mペースランニング | LT値より2秒、3秒遅く（400m） | ペースランニング |
| | 火曜日 | ジョギング | 60分ジョグ | ジョギング |
| | 水曜日 | クロスカントリー | 20kmジョグ | クロスカントリー |
| | 木曜日 | ジョギング | 60分ジョグ | ジョギング |
| | 金曜日 | 3000m×4本　R600m(3分) | LT値より少し速く | インターバル |
| | 土曜日 | クロスカントリー | 12〜15kmジョグ | クロスカントリー |
| | 日曜日 | ジョギング | 15〜20kmジョグ | ジョギング |
| 試合前 | 月曜日 | ジョギング | 60〜70分ジョグ | ジョギング |
| | 火曜日 | ジョギング | 60分ジョグ | ジョギング |
| | 水曜日 | 2000m×4本　R400m(2分) | LT値より少し速く | インターバル |
| | 木曜日 | ジョギング | 60〜70分ジョグ | ジョギング |
| | 金曜日 | ジョギング | 60〜70分ジョグ | ジョギング |
| | 土曜日 | ジョギング | 50分ジョグ | ジョギング |
| | 日曜日 | 12000mペースランニング | LT値より2秒、3秒遅く（400m） | ペースランニング |
| | 月曜日 | ジョギング | 60分ジョグ | |
| | 火曜日 | ジョギング | 50分ジョグ | |
| | 水曜日 | 3000m×1本 | LT値または少し速く | 調整 |
| | 木曜日 | ジョギング | 40〜50分ジョグ | |
| | 金曜日 | ジョギング | 30〜40分ジョグ＋150m×3本（流し） | |
| | 土曜日 | 1000m×1本 | LT値より少し速く | |
| | 日曜日 | ハーフマラソンレース | | |

R：リカバリー、インターバルのつなぎ区間

## ■マラソン

| | | メニュー | 設定 | |
|---|---|---|---|---|
| パターンA | 月曜日 | ジョギング | 50〜60分ジョグ+150m×3〜5本(流し) | ジョギング |
| | 火曜日 | 3000m×4〜5本　R600m(3分) | LT値 | インターバル |
| | 水曜日 | クロスカントリーまたはロード | クロスカントリー20kmまたはロード25km ゆとりをもったペース | クロスカントリー、距離走 |
| | 木曜日 | ジョギング | 60〜80分ジョグ | ジョギング |
| | 金曜日 | ジョギング | 50〜60分ジョグ | ジョギング |
| | 土曜日 | 30km走 | LT値より8〜15秒遅く(400m) | 距離走 |
| | 日曜日 | ジョギング | 60分ジョグ | ジョギング |
| パターンB | 月曜日 | ジョギング | 50〜60分ジョグ+150m×3〜5本(流し) | ジョギング |
| | 火曜日 | 5000m×3本　R1000m(5分) | LT値 | インターバル |
| | 水曜日 | ジョギング | 50〜60分ジョグ | ジョギング |
| | 木曜日 | ジョギング | 60〜90分ジョグ | ジョギング |
| | 金曜日 | ジョギング | 60分ジョグ | ジョギング |
| | 土曜日 | クロスカントリーまたはロード | クロスカントリー20kmまたはロード25km ゆとりをもったペース | クロスカントリー、距離走 |
| | 日曜日 | ジョギング | 60分ジョグ | ジョギング |
| パターンC | 月曜日 | クロスカントリー | 15〜20ｋｍジョグ | クロスカントリー |
| | 火曜日 | 15000mペースランニング | LT値より2秒、3秒遅く(400m) | ペースランニング |
| | 水曜日 | ジョギング | 60分ジョグ | ジョギング |
| | 木曜日 | クロスカントリー | 15kmジョグ | クロスカントリー |
| | 金曜日 | ジョギング | 60〜70分ジョグ+150m×3本(流し) | ジョギング |
| | 土曜日 | 3000m×5本　R600m(3分) | LT値 | インターバル |
| | 日曜日 | ジョギング | 15〜20kmジョグ | ジョギング |
| 試合前 | 月曜日 | ジョギング | 60〜70分ジョグ | ジョギング |
| | 火曜日 | ジョギング | 60分ジョグ | ジョギング |
| | 水曜日 | 5000m×2本　R1000m(5分) | LT値 | インターバル |
| | 木曜日 | ジョギング | 60〜70分ジョグ | ジョギング |
| | 金曜日 | ジョギング | 60〜70分ジョグ+150m×3本(流し) | ジョギング |
| | 土曜日 | ジョギング | 60分ジョグ | ジョギング |
| | 日曜日 | 12000mペースランニング | LT値より2秒、3秒遅く(400m) | ペースランニング |
| | 月曜日 | ジョギング | 60分ジョグ | ジョギング |
| | 火曜日 | ジョギング | 50分ジョグ+150m×3本(流し) | ジョギング |
| | 水曜日 | 3000m×1本 | LT値 | |
| | 木曜日 | ジョギング | 40分ジョグ | 調整 |
| | 金曜日 | ジョギング | 30〜40分ジョグ+150m×3本(流し) | |
| | 土曜日 | 1000m×1本 | 目標レースペース | |
| | 日曜日 | ハーフマラソンレース | | |

R:リカバリー、インターバルのつなぎ区間

第3章　トレーニング計画

# 8 競技会の成績を評価して将来に生かす

　競技会に出場したときには、その結果をきちんと評価して、次のレースに生かす必要があります。よい結果が出たときには、たまたま走れたなどと考えず、自分が行ってきた練習の成果であると考えるようにします。よい結果が出なかったときには、ただ反省するのではなく、冷静に原因を考え、足りなかった点について努力するようにします。レース結果をきちんと評価し、それを次のレースに生かせるのであれば、どのような結果であっても無駄にはなりません。

## 結果を客観的に把握する

　ランナーは1年を通していくつものレースに出場します。その中で、本当に勝負をかける重要なレースは、何回もあるわけではありません。おそらく、1レースか2レースでしょう。それ以外は、目標を達成するためのプロセスとなるレースだといえます。これらのレースに出場したときには、結果をしっかりと把握し、次のレースに生かしていくことが大切です。それによって、最終目標を達成することができるのです。

　レース結果を次のレースに生かすというと、悪かった点を反省することだと考えがちです。それはもちろん重要ですが、そればかりでは目標に向けてモチベーションを維持できません。

　大切なのは、好タイムが出たり、強い選手に勝てたりしたときに、「たまたま走れた」などと考えず、「自分がやってきた練習の成果だ」「努力の賜物だ」と考えることです。そう考えることができれば、「練習をすれば結果が出る」「努力をすれば結果が出る」と考えられますし、「これからもしっかり練習しよう」という気持ちになれます。

　逆に、よい結果が出なかったときには、「自分の素質や能力が不足している」と考えるのではなく、「練習が足りなかった」「努力が足りなかった」「相手が強かっ

競技会出場後は、結果をきちんと評価する

レース結果を評価して今の自分には何が必要なのかに気づけば、前向きな気持で目標に向かって努力することができる

た」と冷静に受け止めます。そう考えることで、今後の努力に対して、モチベーションを維持することができます。

レースに出場するときには、何らかの目標を設定すると思いますが、その目標が高すぎてはいけません。ある程度努力すれば達成できる現実的な目標を設定し、それを達成していくことで、自己効力感を高めることが大切なのです。

自己効力感とは、自分自身に対する信頼感や有能感のことです。自己効力感が身についていると、何か行うことに対して、「自分はやれている」「自分はきっとできる」といった気持ちを抱くことができます。それが、大きな目標に向かって、モチベーションを維持していくことにつながるのです。

## 前向きな気持ちを維持する

レース結果をどう評価するのか、具体的に考えてみましょう。

結果には必ず理由があります。いい結果が出たときには、どうしてその結果が出たのか、理由を考えてみましょう。

「夏場にしっかり走り込みができて、スタミナがついた」

「調整の進め方がうまくいき、レースまで日を追うごとに体が軽く感じられるように

## 08 競技会の成績を評価して将来に生かす

なっていった」
「スタートラインについたとき、今までになく冷静になれて、レース中もあわてることなく対応できた」

たとえば、このような理由が考えられたとします。それをしっかり認識し、覚えておいて、次のレースに生かせるようにすることが大切です。自己効力感が身についていれば、「自分はやれている」という自信が、不安を消し去ってくれます。それが、次のレースでの好成績につながっていくのです。

### 結果が悪いときも冷静に考える

レースでよい結果が出なかったときには、しっかり反省する必要があります。しかし、反省するポイントを間違えないようにしてください。たとえば、レース結果が悪かったのが、次のような理由だったとします。
「故障して十分な練習ができなかった」
「レースの直前に風邪をひいてしまい、体調が万全ではなかった」

よくあるケースです。このような場合、反省すべきポイントは、大事な時期に故障してしまったり、風邪をひいてしまったりした自己管理能力のなさです。しかし、決して走力がなかったわけではありませんし、それまでの練習における努力が足りなかったわけでもありません。それは明確に分けて考える必要があります。このケースの場合、今後は、自分の身体に対する自己管理能力を高めていけばよいのです。

反省すべきことが自分にはない、ということもあります。練習はしっかり行えた、調整もうまくいった、気持ちも落ち着いていて、レース前はすべて万全の状態だった、という状況でレースに出場したとします。それでも、気温が高かったりすれば、いい記録は出ません。そのような場合には、「記録を出せなかったのは気温が高かったことによるものだ」と考えればよいのです。

言い訳をするのはよくないように思えるかもしれませんが、そうではありません。悪い結果についても、原因を冷静に考える必要があるのです。原因が明確になっていれば、その結果を後に引きずることがありません。気温が高かったことが原因なら、「気候さえよければ、自分はしっかり走れたのだ」と自信を持つことができます。それが大切なのです。

### 努力は練習することだけではない

目標を達成するためには努力しなければなりませんが、努力が必要なのは練習だけではありません。練習することはもちろん重要ですが、それ以外に、故障や風邪などを予防するための自己管理も、レースに向けて心身の状態を高めていく調整も重要です。また、レースで自分の力を出し切るためにメンタルを強化していくことも欠かせません。これらの点についても、努力していくことが求められるのです。

レースが終わったら、さらに一歩前に進むために、自分には何が必要なのか、自分は何を努力すべきなのかを考えてみましょう。練習でしょうか、調整でしょうか、自己管理でしょうか、メンタルの強化でしょうか。それが明らかになれば、前向きな気持ちで目標に向かって努力することができます。

# 第 4 章
## レースに向けたコンディショニング

第4章　レースに向けたコンディショニング

# 1 レースに向けたコンディショニングの基本

　レースに向けたコンディショニングの方法は、ランナーによってさまざまです。どのくらいトレーニングを行ってきたのかによっても違いますし、そのときの体調によっても違います。また、走りのタイプなどでも、コンディショニングの方法は違ってくるでしょう。ただ、基本はあります。それが、トレーニングの質を維持し、量を減らしていくテーパリングです。この基本に沿って、自分に合ったコンディショニングの方法を確立する必要があります。レース当日に最高の自分を作り出すために、コンディショニングの基本的な考え方を解説します。

レース前は質を維持しながら量を減らすテーパリングで疲労を取り除く

## 質を維持して量を減らすのが基本

　トレーニングを継続的に行っているときには、「疲労」と「回復」が繰り返されていきます。トレーニングを行うと疲労しますが、その疲労が回復したところで、再びトレーニングを行います。このように、うまくバランスをとりながら、トレーニングを進めていくことになります。

　ただ、持久力を養成するためには、豊富なトレーニング量が求められ、長距離を走ることが必要とされています。そのため、中長距離ランナーの体は、どちらかといえば疲労傾向にあるのが一般的です。この疲労が十分に抜けていないと、レースに向けてコンディションが上がっていかず、最高のパフォーマンスは期待できません。

　ところが、中長距離ランナーの多くは、トレーニング量を減らすことに不安を感じてしまう人が多いようです。持久力を身につけるには、長期間に及ぶ持久系トレーニングの継続が必要不可欠です。そのため、なかなかトレーニング量を減らすことができず、疲労を抱えたままになりがちなのです。

　実際は、ある程度持久力が備わってくると、たとえ持久系トレーニングの頻度が少なくなっても、急激に持久力が失われてしまうことはありません。トレーニング頻度が少なくても、しばらくは持久力を維持す

ることができるのです。レース前のコンディショニングでは、その特性を利用して体調を整えていくことになります。

テーパリング（Tapering）という方法をとるのですが、この言葉には「先が細くなること」という意味があります。トレーニング量を徐々に減らしていくことで、疲労を取り除いていくコンディショニングの方法です（**図3-4-1 参照**）。

ただ、やみくもにトレーニング量を減らせばいいというわけではありません。レースに対してのスピードを意識したトレーニングを行い、トレーニングの量を減らしていくようにします。それによって、養成した能力を失わずに、疲労を取り除いて、体調を上げていくことができます。これがすべての人に当てはまるコンディショニングの鉄則です。

## 調子が上がってきても走りすぎない

レースペースを想定した、動きづくりや流しなどはきちんと行い、レースに近いイメージは常に持ち続けるようにします。また、レースを想定した仕上げのポイント練習も入れます。このようにして、質を維持しながら、トレーニングの量は落としていきます。

しかし、トレーニングの量を減らすのは意外に簡単ではなく、レースが近づいてきても、なかなかトレーニング量を減らせないことがあります。生真面目な性格のランナーほど、レース前になってもトレーニング量を落とさず、頑張ってしまいがちです。レースに不安を感じているランナーも、なかなかトレーニングの量を減らせません。しかし、これではレースが近づいても、コンディションは上がっていきません。

トレーニング量を落とすことができても、

レースの10日ほど前からレースに向けてコンディショニングを行う

まだ失敗することはあります。日頃から疲労傾向にある中長距離ランナーの体は、トレーニング量を落とすことで、どんどんコンディションが上向いてきます。そこで、予定外のトレーニングを行ってしまったり、ジョギングの距離を延ばしてしまったりする人がいます。こうして再び疲労をため込んでしまうと、レース当日に体調のピークを持ってくることができなくなってしまいます。

レースに向けたテーパリングでは、不安をかき消し勇気を持ってトレーニング量を落としていくことと、調子が上がってきても走りたい欲求を抑えることがとても大切です。

## レース前10日間で体調を整える

レースに向けてコンディショニングを行うのは、レースの10日ほど前からが一般的です。距離が長いマラソンでは、2～3週間前からになりますが、ここではマラソン以外の種目のコンディショニングについて解説します。

コンディショニング期間に入るまでに、必要なトレーニングは終えておくようにします。レースを想定した強度の高いトレーニングは、レースの10日ほど前に実施し、その後は疲労からの回復を中心に考えます。

# 第4章 レースに向けたコンディショニング

## 1 レースに向けた コンディショニングの基本

表4-1-1 レース前2週間のメニュー例（秋に5000mで15分00秒を狙う場合）

| | 2週前 | 1週前 |
|---|---|---|
| 月曜日 | 休養日 | 50分ジョグ |
| 火曜日 | 300m×10本（52秒ペース）<br>リカバリー1分 | 50分ジョグ＋100m×3本（流し） |
| 水曜日 | ロングジョグ（60～80分）<br>＋100m×3本（流し）※1 | 2000m×1本（6分5秒前後）※3 |
| 木曜日 | 2000m＋1000m＋1000m（6分5秒～<br>10秒、3分5秒、3分5秒）※2 | 40分ジョグ |
| 金曜日 | 60分ジョグ | 40分ジョグ |
| 土曜日 | 50分ジョグ | 1000m（2分55秒、レースを意識<br>した動きで）※4 |
| 日曜日 | 8000～12000mペース走<br>（1000m3分30～40秒）※3 | 試合（5000m） |

※1 ロングジョグはペースを気にしなくてよい
※2 レースを想定したトレーニング
※3 ポイント練習
※4 刺激

1週間前くらいになってからは、ジョギングの距離も徐々に落としていくようにします。トレーニングの質を維持するため、レース10日前の他に、7日前、4日前などにもレースを想定したトレーニングが入るのが一般的です。ただ、距離はだんだん短くしていきます。

レースの前日に、1000m×1回をレースペースで行うランナーは多いと思います。心肺機能や筋肉に刺激を与えることを狙いとしたもので、日本では定番とも言えるメニューです。ところが、海外ではあまり行われていません。レース前日のこのメニューに対し、「今まで十分なトレーニングをやっているのに、なぜ前日までそんなことをやるのか」とよく耳にします。

海外のランナーは、レースの前日は軽いジョギングのみで終えることが多いようです。レースを想定したトレーニングは、4日前から2日前あたりに終えていて、レース直前に何をするかについては、特に決まった内容はないようです。

## 自分なりの方法を確立する

大切なのは、どうやって体調を整えていけば、自分の最高のパフォーマンスを実現できるかを考えることです。どのような方法がいいのか、さまざまなレースでテストし、データを蓄積していくとよいでしょう。

日本のトップクラスのランナーも、さまざまな方法で最後の仕上げを行っています。前日に1000mを走るランナーもいますし、2日前に2000mを走り、前日はジョギングと流しだけというランナーもいます。また、4日前に仕上げのトレーニングを行い、それ以降はジョギングだけで仕上げるランナーもいます。

方法は一つではありません。自分の調子を確認しながら、自分自身のオリジナルを見つけることが大切です。

# 体調管理と心拍数

## 毎日の脈拍を計測し、体調管理に役立てよう

トレーニング中の心拍数はハートレートモニターを用いるとよい

　持久力を高めるトレーニングを長期間にわたって継続していくと、血液の量は増えていき、同時に心臓の筋肉（心筋）も肥大していきます。そうすると心臓が1拍で送る血液の拍出量が増えるのです。同じタイムで走った場合、心拍数が少なく走れたほうが体への負担が少なくてすむことは感覚的におわかりいただけるでしょう。

　優秀な長距離ランナーは、1拍で全身に送り出す血液の拍出量は多く、強度が高くなっても少ない脈拍数で体を動かし続けることができる心臓を持っています。

　世界で活躍する長距離ランナーの多くは、安静時心拍数が1分間に50拍以下といわれています。この心拍数を毎日計測することで、体調管理をすることができます。

　計るタイミングは、24時間で一番安定している起床時（起き上がる前）の状態が最も適しています。これを毎日計測し続けると、その日の状態がよくわかります。調子が良いときには、減少傾向にあり、疲れているときや体調が悪いときには上昇傾向にあります。多いときには体の機能に、何らかの不具合が生じている可能性があり、その日は要注意です。

　脈拍には個人差があり、力のあるランナーでも多いランナーもいれば、その逆もあります。どちらの場合にせよ毎日記録をつけていけば、自身の傾向が把握でき、毎日の体調管理や試合前の調整のときに役立つはずです。

## ポイント練習後にも測ってみる

　トレーニング強度を測る上でも、脈拍を利用することには効果があります。

　特にポイント練習の直後に脈を計ってみましょう。当然ながら休むと心拍数は下がっていきますので、練習直後、すぐに10秒間だけ計ります。その数値を6倍して1分間の値を出すことをお勧めします。同じ練習を同じくらいのタイムで走ったときの自身の状態を確認することができます。

　自分の体の状態を把握し、練習や休養の計画を立てていくことは、強い選手ならば必ず行っていることです。その手軽にできる手段が、脈拍の計測です。ぜひ実践してみてください。

第4章 レースに向けたコンディショニング

# 2 レースに向けた気持ちのコントロール法

レースで最高のパフォーマンスを実現させるためには、適度な緊張が必要となります。リラックスしすぎてまったく緊張がない状態では、パフォーマンスは高まりません。逆に緊張しすぎていても、好成績は期待できません。そのような場合には、過剰な緊張を取り除くための呼吸法が勧められます。簡単な方法なので、精神状態のコントロール法、集中力を高める方法として、実際に行ってみるとよいでしょう。

## 適度な緊張がパフォーマンスを向上させる

重要な競技会が近づいてきたら、レースに向けて気持ちを高めていくことが大切です。そのためには、レースを想定したトレーニングを行うとよいでしょう。リハーサルとして、レースのときと同じようにウォーミングアップを行い、タイム設定も同じにして走ってみるのです（距離は短く）。このようにトレーニングを行うことで、レースに対する意欲がわいてきますし、気持ちも高ぶってきます。

目標としている競技会で好成績をあげるには、レースに向けて適度な緊張を高めていくことが必要です。緊張がなければ、パフォーマンスは高まらないからです。緊張の水準とパフォーマンスには密接な関係があり、適度な緊張があるときに、パフォーマンスが最も高まることが明らかになっています（**図4-2-1**）。

このイメージ図のように、緊張水準が低く、非常にリラックスした状態では、高いパフォーマンスは期待できません。練習中にタイムトライアルを行っても、レースのときと同じようなタイムを出すのはなかなか困難です。トレーニング中は緊張水準がレースほど高まらないため、パフォーマンスが高まらないのです。そこで、競技会の日が近づいてきたら、レースに向けて気持

レースが近づいてきたらレースを想定した練習を行う

108

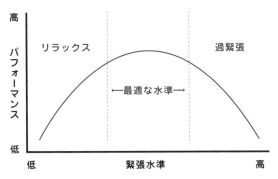

図4-2-1
緊張とパフォーマンスとの関係

ちを高めていくことが必要なのです。

## 過緊張になるのもよくない

緊張水準が高くなり過ぎるのも問題があります。緊張しすぎると、いわゆる「あがり」の状態となり、パフォーマンスを低下させてしまうからです。この状態では、レースで実力を出し切ることができません。過緊張は自覚していない人も多く、知らず知らずのうちになっている人は少なくありません。

過度に緊張していると、体にその影響が現れてきます。たとえば、レース当日、ウォーミングアップもしていないのに、心臓がドキドキしたり、心拍数が上がったり、口の中がかわいたりします。これらは、精神的な緊張が体への反応となって現れているのです。

このような現象には、自律神経の働きが関係しています。自律神経には交感神経と副交感神経があり、それぞれがバランスをとりながら働いています。体が活動しているときには、緊張させる交感神経が優位になります。体が休んでいるときには、リラックスさせる副交感神経が優位になります。これらがうまく機能することで、緊張とリラックス、活動と回復のバランスを保っているのです。

重要な競技会の前になると、過剰な緊張から、1週間も前から十分な睡眠がとれなくなってしまう人もいます。このような過緊張による睡眠不足は、本来なら副交感神経が優位になる夜間に、交感神経が優位になっていることで起こります。

競技会が近づくと過緊張ぎみになってしまう人は、自律神経のバランスを整え、緊張を少し緩める必要があります。

## 過緊張を取り除く呼吸法

過緊張を取り除くのに効果的な呼吸法があります。

まず、ゆっくりと息を吐き切ります。吐き切ると、自然と空気が肺に入ってきます。それに合わせ、ゆっくりと大きく息を吸い込みます。そこで1～2秒間、呼吸を止めてから、ゆっくりと吐いていきます。吸うことよりも、吐くことを意識するのがコツです。この呼吸法を5分間ほど続けていると、過剰な緊張が緩み、集中力が高まるなどパフォーマンスを発揮しやすくなります。

緊張で眠れないようなときはもちろん、レース前の緊張しているときに行ってもよいでしょう。心の状態をうまくコントロールすることができ、適度な緊張水準でレースに臨むことができます。

第 4 章　レースに向けたコンディショニング

# 3 レース当日の過ごし方

十分なトレーニングができていても、レース当日の過ごし方を誤れば、好成績は期待できません。現在の実力を出し切るためにも、レース当日をミスなく過ごしたいものです。時間的に余裕をもって行動し、ウォーミングアップには十分時間をかけるようにします。また、当日になったら、レースについてあれこれ考え過ぎないようにし、自分の理想とするレース展開をイメージします。これまでやってきた練習を信じ、レースに集中することも大切です。

## 朝練習は頑張りすぎない

レースで自分の力を最大限に発揮するためには、レース中の頑張りだけでなく、スタートラインにつくまでの準備も大切です。まず、起床から家を出るまでに、何をすればよいのかをまとめてみましょう。

起床時刻は、午後のレースならあまり気にする必要はありません。しかし、午前中にレースが行われる場合には、その5時間くらい前には起きるようにします。体が本当に目覚め、よく動くようになるまでには時間がかかるからです。

起床後、軽く朝練習を行います。レース当日だからといって、張り切りすぎないようにしましょう。この朝練習の目的は体を目覚めさせることです。体に余計な負荷をかけないように、軽いウォーキングとジョギングを行う程度にし、短時間で切り上げ、走りたい気持ちを抑えることが大事です。

朝食は、レースの4時間〜3時間半くらい前にはとるようにします。内容はサラダなどの生野菜は避け、消化の良いものをとりましょう。もちろん食べすぎないように注意します。

緊張で食事がのどを通らないこともあるかもしれません。そのようなときは、エネルギー補助食品などをうまく活用し、必ず何か食べてから競技場に向かうようにします。

レースで力を発揮するためにスタートラインにつくまでにやるべき準備を考える

表 4-3-1　レース当日の流れ

| レース当日の流れ（午前にスタートする場合） ||
|---|---|
| 睡眠 | 理想は7時間半の睡眠。しかしあまり神経質にならないこと |
| 起床 | レース5時間くらい前には起きる |
| 朝練習 | ゆっくりとした動きで体を起こす。負荷をかけすぎない |
| 朝食 | レース4時間前から3時間30分前までにすませる |
| 移動 | 競技場にはレース2時間前から1時間30分前には到着する |

表 4-3-2　スタートまでの流れ

| スタートまでの流れ ||
|---|---|
| 到着 | 付き添いがいる場合は一緒にスケジュールを確認する |
| 召集場所・時間の確認 | できれば付き添いと一緒に確認する |
| ウォーミングアップ開始 | ゆとりをもって動き始め、時間を十分にかける |
| 着替え・トイレなど | 防寒や保温対策を万全にして体温を保つ |
| 召集場所へ移動 | 〃 |
| スタート | |

　競技場には、レースの2時間前か、遅くとも1時間半前には到着するようにします。時間に余裕を見て行動すれば、レース前にあわてずにすみます。

## ウォーミングアップに時間をかける

　競技会場に到着したら、召集時刻などを確認し、行動予定を立てます。ウォーミングアップの開始時刻は、召集時刻から逆算して求めます。

　ウォーミングアップには、大きな筋群を使うような動きから入ります。ウォーキング、ジョギング、体操、動的ストレッチ、流し、というのが一般的なウォーミングアップです。試合だけ特別なことをするのではなく普段から行っている内容を行うようにしましょう。いつもと同じルーティーンは心を落ち着かせることにもつながりますので普段からレースのことを考えてしっかり行うことは重要です。

　時間は十分にかけて行うことです。いろいろな競技会で見ていると、不十分と思えるウォーミングアップでレースに臨むランナーが少なくありません。体の深部温度が上がるまでには時間がかかります。レースで最高のパフォーマンスを発揮するためにも、ウォーミングアップは急いで行うのではなく、十分に時間をかけたいものです。

　ウォーミングアップに時間をかけるためにも、余裕をもったタイムスケジュールを作る必要があります。

　ウォーミングアップを終えたら、召集場所に向かいます。このとき、上昇した体温を維持するように努めます。季節にもよりますが、気温が低いときには、しっかり防

## 3 レース当日の過ごし方

### リハーサルは前日までに

レース当日は、レース中にどんなペースになるのか、ライバル選手がどんな走りをするのかなど、気になることはたくさんあるでしょう。しかし、当日になったら、そんなことをいろいろ考えてしまうのは得策ではありません。

レースの展開については、前日までにすませておきます。レース中のあらゆる状況を想定したリハーサルを重ねて、どのようなケースでも対応が自動的に行えるように準備することです。

しかし、実際のレースでは予想外の展開となることはよくあります。そのような場合でも、自然と対応できるように、「思い通りにいかないこともある」と覚悟し、心のゆとりを持つことが大切です。

レースで自己ベスト記録が出たり、好結果を残せたりしたときには、レースがあっという間に終わったように感じられるものです。これには、そのときの精神状態が関係しています。いろいろ考え込むことなく走ることに集中し、周囲の選手の変化にも無意識のうちに対応できるような没頭した自分をつくりあげることです。

こうした精神状態に持ち込むためには、トレーニングを重ねることよって自信を高めていくことが前提です。意気込みすぎず、心地よい緊張感を持ってレースに臨めるようになるまでには、失敗を恐れず多くのレースで経験を積んでいくことが必要不可欠です。

ウォーミングアップは普段から行っている内容を行うようにしよう

# 第 5 章
## レースにおける戦略と技術

第5章　レースにおける戦略と技術

## 戦略と技術①
# 800m

レースのかけひきが、勝敗に大きく影響する種目です。好記録を出すには、前半がやや速いペース配分にするのが理想的です。しかし、レースでは激しいペースの上げ下げが行われることもあります。勝つためには、集団の好位置につけ、タイミングよくスパートするのが基本です。ラスト1周でのスパートは、多くの場合、失敗に終わります。鐘が鳴っても冷静に好位置をキープし、ラスト150～100mあたりでスパートするのが、勝つための基本的な戦術です。

## セパレートレーンでスタート

1500mとともに中距離種目に分類される種目です。距離が比較的短いので、ランニング速度は非常に速くなります。そのため、有酸素性エネルギー供給だけでは追いつかず、無酸素性エネルギー供給の割合がかなり大きくなります。有酸素性エネルギー供給と無酸素性エネルギー供給の割合は、40対60～45対55程度だと言われています。つまり、無酸素性エネルギー供給が半分以上を占めているのです。

中長距離種目の中で、800mは唯一セパレートレーンでスタートします。スタート位置は階段状になり、外側のレーンほど前になります。最初の100mがセパレートレーンで、直線に入ったところにブレイクラインがあります。ここをすぎるとオープンレーンになり、内側のレーンに入っていくことができます。

ただし、外側レーンを走っているランナーが、すぐに内側に入ってくると、無駄な距離を走ることになってしまいます。ブレイクラインを通過した位置から、第3コーナーの入り口に向けて直線で走ると無駄がありません（図5-1-1 参照）。

## 前半をやや速くいくのが理想的

この種目は戦術が競技成績に大きく影響するため、激しいペースの上げ下げが行わ

オープンレーンになったあとは第3コーナー入口を目指して一直線に走る

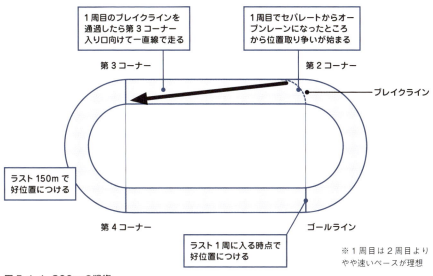

図5-1-1 800mの戦術

れることがあります。ただし、好記録を出すためには、安定したペースでレースが進み、1周目が2周目よりやや速いのが理想的とされています。

トップレベルのランナーが走るレースでも、好記録が出るときには、1周目がある程度速いペースになっていることが多いのです。高校生のレースでも、いい記録が出やすいのは、そのようなレース展開になった場合です。たとえば、800mを2分00秒で走るレースであれば、1周目が58秒、2週目が62秒くらいが理想的でしょう。

しかし、実際のレースでは、予定通りにレースが展開するとは限りません。出場しているランナーの思惑によって、さまざまなパターンのレースが展開されることになります。

## よい位置を取ることが大切

わずか2周のレースなので、よほどの実力差がない限り、集団でレースが展開していきます。集団のどこに位置するかが、レース結果に大きく影響してきます。

重要なのが、ラスト1周に入る時点の位置と、ラスト150m時点の位置です。特にラスト150mでは、多くの場合すでに人数が絞り込まれていますが、勝つためには、その中で好位置につけていることが必要となります。

位置取り争いは、オープンレーンになったところから始まります。いい位置を取るためには、その前から他のランナーの位置を把握しておく必要があります。階段状のスタートなので、先行する外側レーンのランナーは、他の選手を見にくいのですが、コーナーを利用して様子をうかがうようにします。

取りたい位置は、2～4番手で集団の外側です。ほとんどの場合、第1レーンに2人が横並びになっている状態で走り

# 第5章 レースにおける戦略と技術

## 1 戦略と技術①
## 800m

ます。第1レーンの外側のポジションが理想的と言えるでしょう（**図5-1-2**）。それはペースが遅いときなど外に出ることができ、柔軟な対応ができるからです。ペースアップ時も速やかな対応が可能になる利点があります。内側のポジションに入りすぎてしまうとペースが上がった際、前に出ようとしても外側の選手によりブロックされてしまい、出ていけないケースが多く見られます。これをポケットされた状態と言い、要注意です。

第1レーンの外側に位置しても、距離のロスは1周にして1.6mほどでわずかでしかありません。よって外側を走るマイナス要素よりも、ペースに自由に対応できるプラス要素のほうが大きいのです。ただし、外側に大きく膨らみ、第2レーン外や第3レーンを走るのは、ロスが大きくなるため好ましくありません。コーナーではさらに大きくロスしてしまうことになります。

先頭に立つのは、風の抵抗と、後ろにラ

スパートするのは、ラスト150〜100mあたり。スパートは1度きりとする

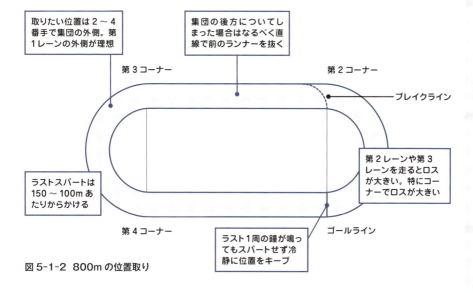

図 5-1-2　800mの位置取り

ンナーがいることによる精神的プレッシャーがリスクとなります。よほどの実力差がないと、フィニッシュまで先頭を走り続けるのは困難なため避けたいところです。レース前半から先頭を走っているランナーが最後には遅れているケースは非常に多く見られることでしょう。

最初にいい位置が取れず、後方についてしまった場合には、レース中に位置を上げていくことになります。その場合、なるべく直線で前のランナーを抜くようにします。コーナーで抜くためには外側に膨らむ必要があり、長い距離を走ることになってしまうからです。

## スパートのタイミングを間違えない

この種目は、多くの場合、ラストスパートのスピード勝負で勝敗が決します。勝つためには、スパートのタイミングを間違えないことが大切です。

よく見られる失敗が、ラスト1周の鐘が鳴ったことによるペースアップです。多くのランナーは、鐘が打ち鳴らされたときに、「ここで切り替えよう」という意識が働きます。そして、スパートしてしまうのです。

しかし、1周目からかなりのスピードで走っているため、血中の乳酸濃度はすでにかなり高くなっています。その状態でスパートし、400mもペースを維持することはできません。そのため、ラスト1周でスパートしても、途中で失速してしまうランナーが多いのです。

大切なのは、鐘が鳴っても興奮することなく、冷静によい位置をキープすることです。スパートするのは、ラスト150～100mあたりです。スパートは1度きりとし、何度も行うものではありません。そこまで力を温存し、一気に爆発的なスパートを決めるのが、勝つための最も基本的な戦術です。

第 5 章　レースにおける戦略と技術

## 2 戦略と技術②
# 1500m

この種目はイーブンペースで進んだときに好記録が出やすくなります。前半から無理なペースで突っ込むのではなく、落ち着いてレースを進めるのが望ましいです。スタートからオープンレーンで、800mより人数が多いため、ランナー同士の接触が起こりやすい種目でもあります。集団内の好位置につけ、それをキープしていき、ラストで勝負するのが勝つための基本パターンになります。余裕を残して残り1周を迎えたランナーが、ラスト勝負で優位に立つことができます。

## イーブンペースが好記録を生む

800mとともに中距離に分類されている種目です。気温が少々高くてもタイムには影響せず、夏季においても高タイムは出せます。トップランナーにもなれば、ランニング速度は高く、無酸素性エネルギー供給の占める割合も多くなります。

理想的なペース配分は、800mでは前半がやや速いほうがいいのですが、1500mではイーブンペースを心がけることです。トップレベルのランナーによるレースでも、高校生のレースでも、イーブンに近いペース配分になったときに、好記録が出る傾向があります。

スタート直後のペースが速すぎ、途中で失速してしまう失敗が、高校生のレースではよく見られます。この種目に出場しているランナーは、スピードに自信を持っていることが多いので、冷静さを欠いてついむきになってしまうのでしょう。

スタートから無謀なペースで飛び出したランナーは、600mをすぎるあたりからペースが落ち始め、ずるずると抜かれて、レース後半は大きく遅れてしまいます。典型的な失敗レースと言えます。

## 冷静にいい位置をキープする

1500mで力を出し切るには、リラックスしてレースを進める必要があります。落

1500mでは無謀なペースは禁物。余裕を残して残り1周を迎え、ラストスパートで勝負する

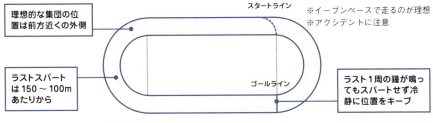

図 5-2-1　1500mの戦術と位置取り

ち着いてスタートし、無理のないペースで走りながら、集団の中でいい位置につけるようにします。

最初からオープンレーンとなり、800mより一緒に走る人数が多いため、少しでもよい位置を取ろうとして肘や脚などがぶつかり合うことがあります。それによる転倒なども珍しくありません。周囲のランナーの位置を把握し、予期せぬアクシデントに巻き込まれないようにすることも大切です。

理想的な集団内の位置は、800mの場合と同様で、前方近くの外側です。先頭が視野に入っていることと、ポケットされないことが、位置取りのポイントです。800mの場合と同様、先頭に立ってそのまま逃げ切るのは、かなりの実力差がないと難しいでしょう。

好記録を出すにはイーブンペースがいいとしても、実際のレースでは、ペースの上げ下げがあるのが普通です。これに敏感に反応していると、無駄に体力を消耗してしまいます。勝負をかけるラストまで力を温存するためには、できるだけ急激なペース変化を行わずに、集団に加わっているようにします。

## ラストスパートで勝負が決する

この種目も、多くの場合、ラストのスピード勝負で勝敗が決します。だからといって、スプリント能力の高いランナーが勝つとは限りません。むしろ、ラストで余裕を残しているランナーが有利になります。

レースが大きく動き始めるのは、ラスト1周の鐘が鳴るあたりからです。800mの場合と同様で、ここで飛び出すのは早すぎます。先頭を視野に入れながら、好位置をキープすることに徹し、あまり離れずについていくのが理想的です。

ライバルに先にスパートされても、そのスパートはフィニッシュラインまで続かないと自分に言い聞かせ、あきらめずに前を追います。実際、早めのスパートは、最後までもたないことがよくあります。

スパートする地点はラスト150〜100mが基本です。ここで急激にペースアップし、フィニッシュラインまでスピードを緩めずに走り抜けます。

## 多くのレースを見ることも勉強になる

1500mはレース展開によって、成績が大きく違ってくる種目です。勝つための基本的なレース展開を紹介しましたが、実際にはさまざまなパターンのレースが考えられます。そこで、多くのレースを見ることが、この種目に取り組むランナーには役立ちます。インターネットを利用すれば、トップレベルのランナーたちのレース映像を見ることもでき大変勉強になるはずです。また、高校生であれば、同じ高校生のレースを見て成功例や失敗例を学ぶことも、貴重な経験になるでしょう。

第5章 レースにおける戦略と技術

## 3 戦略と技術③
# 5000m

集団内での位置取りは、中距離種目のように神経質になる必要はありません。前半は集団の真ん中か、やや前方くらいに位置取りをするとペースの上げ下げの影響が少なく、安定したペースでレースを進めることができます。多くの場合、3000〜4000m付近でペースが低下しますが、ラスト1000mはペースアップするレースがほとんどです。勝つためには、ラストスパートで、中距離ランナーのようなスピードを発揮できるだけの余力を持つことが大切です。

## 最大酸素摂取量と密接な関係がある

一般的に5000m以上の距離のレースを、長距離種目と呼んでいます。5000mを走るためのエネルギーは、中距離種目に比べ、有酸素性エネルギー供給の割合が高まります。

5000mのタイムは最大酸素摂取量と関係が深く、最大酸素摂取量が高いほど、5000mのタイムがよくなる傾向があります。最大酸素摂取量は、体内へ酸素を取り込むことのできる最大値であり、持久力を測定するのには重要な指標です。運動負荷テストを実施し、呼気ガス測定器を使用してその値を出すことが確実ですが、測定には人員と高額な機器が必要なため一般的ではありません。その代わりに3000mのタイムを目安にするとよいでしょう。酸素摂取量は走り始めてから徐々に増加していき、およそ10分の時間を全力で走ったときにその値はピークを迎えるためです。

また、5000mは長距離種目の中では最も高速のレースとなるため、解糖系などの無酸素性エネルギー供給の割合も決して少なくはありません。それによって産生された乳酸はエネルギーとしても使われていきますが、レースの終盤になるとその濃度がかなり上昇していきます。その状態で走り続けることのできる能力も求められます。

勝つためには中距離的なスピードでラストスパートができる能力が必要

## イーブンペースが好記録につながる

この種目もイーブンペースが理想のペース配分です。どのレベルのランナーであっても比較的安定したペース配分で走ったときに好記録が出ています。実際に世界記録が出たレースの多くは、ペースメーカーの安定したペースメイクにより達成できています。

安定したペースで走るためには、レース中盤までは、真ん中より少し前に位置するのが理想的です。急激にペースが上がったときなどは集団の位置を下げることでペースの振り幅を抑えることが可能になります。たとえ集団の後ろになったとしてもペースが落ちたときなどを利用して前のほうに上がれば、体への負担を少なくできます。

レースの後半では、先頭がよく見える2番手から5番手くらいの位置がよいでしょう。集団の前のほうに位置していると状況を把握でき、スパートにも素早く対応できます。よほどの力がない限り先頭でリードすることは勧められません。ラスト1周以前に先頭を走っていた選手が負けてしまうシーンは、多くの人が目撃しているはずです。

## 3000m過ぎからのペースダウン

多くのランナーは、3000mをすぎるあたりからペースが低下します。ひどい場合には、それまでとは別人のように失速してしまうこともあります。レベルの高いランナーでも自己ベストを更新しようとチャレンジした際、このあたりでペースダウンするのをよく見かけます。

この大きな要因は先に述べた最大酸素摂取量との関係が深いと考えられます。レースが速いペースで展開した場合、もしくは自身の自己ベストを上回るペースで走ったときなどは、スタート時から酸素摂取量が増加していき、およそ10分でピークを迎えて、その後は本人の意思で努力したとしても酸素摂取量は高まりません。3000m以降にペースダウンが多く見られるのは、まさしく走っているときに最大酸素摂取量の状態を迎えているのです。無酸素性エネルギー供給の割合も高く、乳酸産生が高まることも重なり、多くの選手が3000mから4000m付近でペースダウンしてしまいます。

では、世界のトップランナーたちはどのように解決しているのでしょうか。4月から7月の期間に行われるダイヤモンドリーグなどの5000mのレースにおいては、お決まりのように1000mのラップタイムは2分36秒から2分40秒前後のイーブンペースで4000mまでいき、ラスト1000mを2分30秒を切るタイムで走ったランナーが勝者となります。彼らにも最大酸素摂取量を迎えるところがあるはずですが、おそらく3000m付近では余裕をもって走っており、その領域まで達していないものと考えられます。それは3000mのレースのタイムからも明らかです。

5000mを12分台で走るランナーは、3000mを7分30秒から40秒で走ることができます。5000mのレースでの3000mの通過が7分50秒前後であれば、彼らにとっては余裕のあるペースであり、ラスト1000mで力を発揮することが可能になるのです。つまり5000mを走るときには3000m付近で余裕がなければなりません。よってインターバルトレーニングなどで最大酸素摂取量を向上させることができれば、後半のタイムは上がるようになります。

# 3 戦略と技術③ 5000m

表5-3-1 ラスト1周のラップタイム

| 2012年ロンドンオリンピック中長距離種目優勝者のラストラップ |||
|---|---|---|
| 種目 | 選手名 | タイム(秒) |
| 800m | D・ルディシャ(ケニア) | 51.6 |
| 1500m | T・マフロフィ(アルジェリア) | 52.7 |
| 5000m | M・ファラー(英国) | 52.9 |
| 10000m | M・ファラー(英国) | 53.5 |

| 2013年モスクワ世界選手権中長距離種目優勝者のラストラップ |||
|---|---|---|
| 種目 | 選手名 | タイム(秒) |
| 800m | M・アマン(エチオピア) | 53.1 |
| 1500m | A・キプロップ(ケニア) | 52.3 |
| 5000m | M・ファラー(英国) | 53.1 |
| 10000m | M・ファラー(英国) | 54.1 |

## ラストは中距離的なスピードが必要

長距離種目なので、スタート直後に集団が形成されると、多くの場合、そこからは淡々とレースが進んでいきます。レースが動き始めるのは、3000mあたりからです。ペースを維持できなくなったランナーが集団から離れ、集団が絞られていきます。このときまでは中距離種目のように、集団内の位置取りにあまり神経質になることはありません。やや後ろでも、第1レーンの内側に入ってしまっても問題ないでしょう。ペースチェンジの度に対応し、動き回るほうが無駄な力を使ってしまいます。

4000mをすぎるあたりから、ペースは上がっていきます。そこについて行くことができれば、ラストの勝負に加わることができます。トップレベルのランナーたちのレースでは、ペースメーカーがつくこともありますが、安定したハイペースでレースが進み、残った数人のランナーでスピード勝負が展開されます。

最近のオリンピックと世界選手権の800mから10000mの各種目におけるラスト1周のラップタイムについて調べてみました（表5-3-1 参照）。すべての種目において52〜53秒で400mを走っており、いかにラスト1周までに力を残しているかがわかるでしょう。また、そのタイムで走るスピード能力があるかということも重要な点です。長距離種目に分類されている5000mですが、世界で勝利を手にするためには爆発的なスピードも絶対に必要なのです。

## 筋力トレーニングでスピードとランニングエコノミーを改善

先ほど説明した通り、多くのレースではよほどの実力差がない限り、ラスト勝負に

なるのが一般的です。選手権などで勝者となるためにはスピードの向上が求められており、そのためには筋力トレーニングも必要になります。

筋力トレーニングは、スピードの向上に役立つのはもちろんですが、それだけでなく、ランニングエコノミーの改善にも有効であることが明らかになっています。その点から考えても、筋力トレーニングは、5000mランナーに限らず、すべての中長距離ランナーにとって、非常に重要なトレーニングだといえます。

## トレーニングを加えるときにはさじ加減が大切

筋力トレーニングが重要なのは確かですが、導入する際には、気をつけていただきたいことがあります。これまでやってきたトレーニングに、筋力トレーニングをただ付け加えるだけでは、ランナーの身体的な負担が大きくなり過ぎる危険性があるからです。また、ジュニア期から強度の高い筋力トレーニングを採用することは、成長を阻害する危険性がありますので注意してください。

筋力トレーニングに限らず、何か新たなトレーニングを付け加えるときには、段階的に実施し、従来行ってきたトレーニングの中から、必要性が低いと思われる順にトレーニング量、頻度を減らす必要があり、無理なく行わなければなりません。

たとえ効果的なトレーニングであっても、ランナーの心身にかかる負荷の総量を考えずに加えていけば、いずれ疲労状態に陥り、トレーニングを遂行することができなくなってしまいます。新たなトレーニングを採り入れるときには、十分注意すべきポイントです。

3000m付近を余裕をもって走ることができれば、4000m以降のペースダウンを防ぐことができる

## 戦略と技術④ 10000m

一般的に行われるトラック競技で最も長い距離のレースです。そのため、優れた有酸素性能力を持っていることが、この種目での好成績につながります。レース展開はイーブンペースが基本。スタート直後のペースを間違えないことと、集団のペースの上げ下げに敏感に反応しないことが大切です。レース前半から無理なペースチェンジを繰り返していると、後半に入って失速してしまいます。中距離種目や5000mのようなラスト勝負になるレースよりも、8000m前後など早い段階で決着するレースが多いのが特徴です。

### 有酸素性エネルギー供給が中心

レースの距離が長くなるため、有酸素性エネルギー供給の割合が高まります。そのため、この種目で好成績をあげるためには、優れた有酸素性能力が求められ、トレーニング量を重要視する必要があります。

レース中の血中乳酸値は、5000mレースを走るときよりは高くなりませんが、大きくペースダウンすることなく10000mの距離を走り切るために、無酸素性のエネルギー供給の割合が高まらないように乳酸性作業閾値（LT値）を引き上げる必要があります。

この種目のためのトレーニングとしては、ロングインターバルや、LT値ペースでのペースランニングなどによりLT値の向上を目指しましょう。

### イーブンペースが基本

この種目のレース展開として勧められるのはイーブンペースです。特にタイムを目標にしている場合には、イーブンペースに徹することが必要になります。

スタート直後に速すぎる無理なペースで走ってしまうと、大きくタイムをロスする原因になります。レースの距離が長いので、序盤の集団内での位置は、最終的な成績にあまり影響しません。自分にとって無理のないペースでレースを始めるようにします。

優れた有酸素性能力が求められる種目。無酸素性エネルギー供給が多くならないペースで走る

集団のペースに上げ下げがあっても敏感に反応せず、自分のペースを大きく変化させない走り方をすること

　集団でレースを進めていると、途中でペースの上げ下げが起こることがあります。そのような場合にも、敏感に反応するのではなく、なるべく自分のペースを大きく変化させないようにするのが上手な走り方です。

　ペースの上げ下げに合わせていると、早い段階からペースダウンを余儀なくされることがあります。距離が長いことを考え、落ち着いてレースを進めていくことが大切です。

## 7000mすぎを乗り切る

　トップレベルの選手が走る10000mレースでは、徐々に集団が絞られていき、多くはラスト1〜2周のスピードで勝負が決着します。しかし、トップレベルが走るレースを除くと、なかなかこのようなレース展開にはなりません。比較的早い段階で選手が振り落されていき、ラスト勝負にならずに、レースが決着することが多いのです。よく見られるのが、8000m前後からほぼ勝負が決まるというパターンです。

　10000mという種目は、トレーニング量が多く必要となるため高校生などは経験する機会は少ないと思います。この種目に慣れていないランナーの場合、レース後半で大きくペースダウンすることがあります。7000m前後が難しいところで、多くはこのあたりからペースが落ちてしまいます。

　ここを乗り切るために必要なのは、落ち着いてレース前半を進めることです。過度の緊張から速すぎるペースで飛び出したり、位置取りにこだわってペースを上げ下げしたりすると、気づかぬうちに体力を消耗してしまいます。

# 戦略と技術⑤
# 3000mSC

3000mの距離を走る中で、28回の障害と、7回の水濠（大障害）を越えて行く種目です。中長距離の他の種目とは異なる能力が必要となります。

まず、障害を越えるための技術を習得しなければなりません。そして跳ぶ動作を容易にできるジャンプ力、着地の衝撃を受けるための耐性など、総合的に筋を鍛えることがこの種目での成功につながるでしょう。

3000SCには長距離種目というよりもむしろ中距離種目の身体能力が求められる

## 走力を向上させるトレーニング

トレーニングは5000m種目の内容を基本とします。レースでの障害を越えることにより、力の発揮の強弱がつくこの種目では、最大酸素摂取量の向上を図るようなインターバルトレーニングは、レースでの障害を越えることで力の発揮の強弱がつくことからとても効果的です。

9分前後の疾走時間は、5000m（15分前後）と1500m（4分前後）の疾走時間を比べると1500mのほうが近く、エネルギー供給の観点からすると1500m種目で行うトレーニングや1500mのレースに参加することも能力向上につながります。

この種目では、筋力向上を図ることも大事な要素です。第2章10～12を参考に体幹を鍛え、ジャンプ力を高めるバウンディングトレーニングを取り入れましょう。

## 障害の越え方

障害の越え方には、足をかける方法と、足をかけずに跳び越える方法があります。

トップレベルのランナーの多くは、足をかけずに跳びます。スピードを落とさずに越えられるというメリットはありますが、踏み切るために大きな力を使うのでエネルギー消費が多くなり、接地の衝撃も大きいというデメリットがあります。

足をかける方法は、接地の衝撃が小さい

水濠では障害に足をかけ強く前方にジャンプする。着地は足首くらいの深さの位置が目安

のが最大のメリットです。特に高校生であれば、足をかけて越える方法が勧められます。着地衝撃が小さいことで、レース終盤まで脚筋力を温存することができます。

足をかける場合、障害に乗って蹴り出すのではありません。流れるように障害を越えていきながら、体のバランスを保つ程度に障害に足をつきます。足を添える程度と考えるとよいでしょう。頭部は体で一番重量がある部位だけに、横から見たときにできるだけ高い位置にならないよう足をたたみ、障害を越えていきます。

障害を跳ぶトレーニングは、怪我を防ぐため足首周りのストレッチを十分に施してから行うことを徹底してください。

## どちらの足でも跳べるようにする

障害と水濠は80m余りの間隔で設置されています。間隔が広いため、どちらかの脚で踏み切ろうと決めていてもうまくいきません。片方の脚でしか踏み切れないと、足を合わせるために障害の直前で歩幅を狭めて走る必要が生じたり、踏み切り位置が近くなりすぎたり遠くなりすぎたりします。

第 5 章　レースにおける戦略と技術

戦略と技術⑤
## 5　3000mSC

　こうしたことがあると、どうしてもスピードが落ちてしまいます。障害でスピードが落ちると、再度ペースを戻すためにも無駄な力を使ってしまいます。できるだけペースを落とさずに障害を越えていく技術が必要なのです。そのためには、左右どちらの足でも踏み切れるように練習しておきます。

　3000mSCのレースでは、障害を越える技術が勝敗を左右することがあります。特にレースがラスト勝負に持ち込まれた場合には、最後の水濠で勝負がつくことがよくあります。どちらの脚でも踏み切れるようにしておけば、脚が合わずに失速するという失敗がありません。

### 水濠の跳び方と着地

　通常の障害よりも大障害では水濠があるため、その手前では走速度を上げ、大きくジャンプしなければなりません。大障害に脚をかけ、そこから力強く前方にジャンプし、片脚で着地します。水濠は近くが深く、遠くに行くほど浅くなっています。手前に落ちてしまうと、水の中を2歩、3歩走ることになりかねません。水の抵抗でスピードが大きく落ち、ダメージを受けること

障害に足をかけて越える

両方の脚で踏み切れるように練習をする

になります。

　理想的なのは、足首程度の深さになるところへの着地です。これだと水に入るのが1歩ですみ、大きく失速せずに水濠を越えられます。

　障害から高く跳び出すのは上手な越え方ではありません。無駄な時間がかかりますし、何よりも着地の衝撃が大きくなるからです。

## レースによって経験を重ねる

　レースでは、障害越えによる転倒が起きやすいので注意する必要があります。スタート直後は集団の人数も多いため特に危険です。周囲のランナーを視野に入れ、慎重にレースを進める必要があります。

　前のランナーがいて跳びにくいという声をよく聞きますが、トレーニングにおいて、チームメイトに前走者になってもらい、感覚を養うなどしてください。

　この種目は経験によって周りとの距離感を習得することが近道です。何度かレースに参加して走り方のコツをつかんでいきましょう。

## 戦略と技術⑥
# ロードレース

トラックレースと違って、道路など舗装された場所で行われます。そのため多くのレースではアップダウンがあり、直角に曲がるコーナーがあるのが特徴です。そのような走りに慣れておくことも必要です。また、トラックを走る場合と異なり、細かく距離がわからないので、ペース感覚を身につけておかないと、適切なペースでレースを進めるのが難しくなります。ラストスパートのタイミングがつかみにくいのも、ロードレースの特徴です。上り坂や下り坂が、勝負を決するポイントになることがよくあります。

## コースに起伏やコーナーがある

道路を使って行われる長距離レースを、ロードレースと呼びます。路面は舗装されていることが多く、トラックに比べると硬くレース後には脚にダメージが残ります。

道路がコースとなるため、トラックレースとは異なり、坂の起伏があることからトラック種目以上に筋力が必要となります。

走るコースの取り方によって走る距離が多少違ってくるので、基本的には最短距離になるように走ります。ただし、集団で曲がり角を曲がるようなときには、転倒に注意しなければなりません。無理に最短距離を走ることにこだわらず、周囲のランナーの状況をしっかり把握して走ることが大切です。

レースの距離によって、3km、5km、10km、10マイル、20km、ハーフマラソン、マラソンなど、さまざまな種目があります。ロードレースに求められる身体的な能力は、同じ距離のトラックレースと大きな違いはありません。ロードレースのトレーニングは、同じ距離のトラックレースを目指す場合と基本的には同じです。

ただし、目指すロードレースが起伏のあるコースで行われる場合には、上りや下りの走りもトレーニングに加えておいたほうがよいでしょう。

勝負をかけるタイミングはトラックレースよりもロードレースのほうが早い傾向がある

## 適切なペースでレースを始める

　多くの人数が同時にスタートするので、転倒に注意する必要があります。多くの場合、集団が形成されてレースが進みます。集団内の位置取りについては、トラックレースの場合のように神経質になる必要はありません。

　自分の能力に合ったペースでレースを始めることが大切です。トラックを走るのと違い、細かくタイムをチェックすることができません。多くの場合、最初の距離標示が1km地点ですから、そこまでは自分の感覚でペースを判断しなければなりません。レース終盤での失速を防ぐためにも、最初のペースを間違えないようにすることは大切です。

　ハーフマラソンやマラソンなどの長距離を走る種目では、ペース配分をどのようにするかによって後半のペースが大きく左右されます。

　そこで最近ではGPS機能が付いた腕時計がありますので、利用してみてはどうでしょうか。機種にもよりますが精度がかなり高いものがあり優れものです。1km毎に自動的にタイムを計測して知らせる機能があります。

　メーカーによって山岳向きのもの、トラックで周回しても精度が高いものなど、豊富にあるようです。トレーニング時から利用すると走行距離を確認できたり、データを蓄積できたりと活用度は非常に高いのでぜひ利用しましょう。

## 早い段階で勝負がおとずれる

　トラックレースでは、ラスト1周など、スピードを切り替えやすいポイントがはっきりしていますが、ロードレースではそのようなポイントがありません。そのため、同じ集団で走っている他のランナーが、いつスパートをかけてくるのか、予測するのは困難です。どのようなスパートにも適切に対応できるように、レース前からリハーサルしておくとよいでしょう。

　勝負をかけるタイミングは、トラックレースよりもロードレースのほうが、一般的に早い傾向があります。自らスパートしたときには、そのペースを維持し、他のランナーを引き離すことが大切です。スパートされたときには、粘り強く追いかけ、前を行くランナーのペースが落ちるのを待ちます。

　上り坂や下り坂が得意なランナーにとっては、コース上にある上り坂や下り坂が、スパートのための絶好のポイントとなります。

## 硬い路面による故障に注意する

　硬い路面を走るため、脚の特に膝下部分には大きな衝撃が加わります。それによって故障のリスクが高まるので、レース後は適切なケアを行い、回復を促す必要があります。

　ロードレースに向けてのトレーニングでは、ロードでのランニングを経験しておくことも大事ですが、ロードでのトレーニングが多くなると、それだけ故障のリスクも高まります。

　一方、ロードに慣れると反発がもらえるためロードが走りやすくなりコース選択が一辺倒になってしまう傾向にあるので、そうならないよう心がけるようにしましょう。特に成長期にあるランナーの場合は、ロードでのトレーニングが多くなりすぎないよう注意が必要です。

　大会の多くは秋から冬にかけて行われます。気温が低い朝のロードによるトレーニングは入念なウォーミングアップを行い故障を防ぐよう心がけましょう。

第5章　レースにおける戦略と技術

# 戦略と技術⑦
# 駅伝

駅伝で好成績を収めるためには、適切な区間配置が必要になります。レースにもよりますが区間ごとの距離は大きく異なり、コースのアップダウンなどに応じた区間配置が重要になります。一般的に、スタミナタイプを長い区間に、スピードタイプを短い区間に起用するパターンが基本です。それに加え、上り坂が得意、下り坂が得意、ペース感覚が優れていて一人でも走れるなど、ランナーの適性を考慮した区間配置をすると、チームとしての総合力を高めることができます。戦略的には、「先手必勝」が駅伝における基本的な考え方で、1区から上位につけることで、レースを有利に進めることができます。

## チームの力が発揮される種目

ロードで行われる長距離のリレー種目が駅伝です。ランナーはタスキをかけて走り、そのタスキを次走者に手渡していきます。タスキの受け渡しは、中継線から20mの範囲で行うルールになっています。

駅伝は、日本では中長距離の中で最も人気がある種目といえます。人気の理由はいろいろあるでしょうが、個人の力だけでなく、チームの力が成績を左右する点にあるようです。

たとえば、箱根駅伝では、各大学チームの他に、出場できなかった大学のエース級のランナーを集めた選抜チームが作られます。一人一人のランナーの実力を評価すれば、選抜チームはかなり上位に入っていいはずです。それなのになかなか実力に見合った成績をあげられません。それは大会へ向けた日頃のモチベーションなど、精神的な要素が入っていることが考えられます。異なる大学からランナーを集めた寄せ集めのチームより、毎日練習をともにしてきたメンバーで組むチームのほうが、よい結果を残しているのです。

このような結果からも、駅伝においてチームの結束力、精神力がいかに重要であるかがわかります。チームのために走るという日本人特有の文化や精神によって、好成績がつむぎ出されるのです。

最も距離の長い「エース区間」と呼ばれる区間に実力のあるランナーを配置する

## 距離や起伏に応じた区間配置

駅伝の距離に特に決まりはありません。総距離も、区間数も、各区間の距離も、大会によってさまざまです。

どのランナーをどの区間に起用するかは、区間の距離や、ランナーの距離や起伏などに対する適性を考慮して決めます。

駅伝では、一般的に最も距離の長い区間が「エース区間」と呼ばれ、ここに実力のあるランナーが配置されます。強いランナーを長い区間に起用し、実力の劣るランナーを短い区間に起用するというのが、基本的な考え方です。ただ、ランナーの適性として、距離が長いほうが向いているランナーもいれば、短い距離で実力を発揮するランナーもいます。上り坂が得意なランナーや、下り坂が得意なランナーもいます。このような適性を生かして配置することで、チーム力をさらに高めることができます。

また、1区は集団が形成されて後半勝負の展開になることが多く、2区以降の区間は、自分でペースを作りながら一人で走る場面が多くなります。最終区はラストの勝負がチームの順位に直結することがあります。こうした各区間の特性も考慮しながら、ランナーの区間配置を決めていきます。

## 距離に応じたトレーニングを行う

各区間の距離が大きく異なっている場合には、チームの全員が同じトレーニングをするのではなく、距離に応じたトレーニングを行う必要があります。たとえば男子の高校駅伝の場合、最長区間の1区は10kmですが、2区と5区の距離はわずか3kmです。すべて同じトレーニングでは、対応することが難しくなります。それぞれの距離に応じた適切なトレーニングを行う必要があります。

## 先手必勝が基本的な戦術

どのような駅伝でも、「先手必勝」が戦術の基本となります。1区で先頭に立つか、あるいは上位につけ、その順位を守りながらレースを進めていきます。

いい位置でレースを進めることができると、精神的にプラスの影響があり、ランナーが自分の実力を発揮しやすくなります。逆に出遅れたチームのランナーは、あせりなども加わり、実力を発揮できずに終わるケースが多くなります。

レース展開としても、先行したチームのランナーは、無理のないペースで走り出し、確実にレースを進めることができます。出遅れたチームのランナーは、区間の前半を速過ぎるペースで入ってしまいがちです。そのため区間後半で失速し、ますます差が広がるという悪循環に陥ることが多くなります。こうした点からも、駅伝は上位につけてレースを進めることが、チームとしての好成績につながると考えられるのです。

逆に出遅れたチームは、過去のデータを参考にし、区間距離に対してペース配分をイーブンペースで予め想定しておきそれを実行することです。序盤からハイペースで入り後半失速する上記の悪循環パターンは避けられるはずです。

## 1秒を無駄にしない走りが必要

駅伝を走るランナーは、タスキを受け取った瞬間から、次走者にタスキを渡す瞬間まで、自分の力を出し切って走ることが求められます。個人競技のロードレースであれば、前後のランナーが離れていれば、多少力を抜いても順位は変わりません。しかし駅伝では、チームとしての総合成績を考え、最後まで1秒を無駄にしない走りが求められるのです。

第5章 レースにおける戦略と技術

# 8

## 戦略と技術⑧
## マラソン

距離が長いため、有酸素性エネルギー供給が中心となります。一般ランナーはLT値程度のペースでレースを進めることになります。それより速いペースになると、グリコーゲンである糖質のエネルギー源を利用する割合が多くなり、乳酸が蓄積していきペースを維持できなくなってしまいます。好成績につながるのは、無理しない強度でのイーブンペースです。これまでのトレーニングで記録が伸びなくなった場合には、速いスピードでのトレーニングや筋力トレーニングを取り組むことで、新たなレベルアップにつなげていきましょう。

### 有酸素性のエネルギー供給が中心

42.195kmという長い距離を走り抜くロードレースです。長さのために、他の中長距離種目とは大きく異なる面を持っています。

レースで使われるエネルギーの大部分は、距離が長い特性上、有酸素性エネルギー供給の割合が高くなるほうが理想的です。能力以上のペースで走ると、無酸素性エネルギー供給による糖の利用を高めてしまい、後半に大きくペースダウンする恐れがあります。

トップレベルのランナーは、マラソンの後半で失速しないために、LT値付近のペースを維持することを考えながら走っています。

### 脂肪を使って走る

走るペースが速くなると、使われるエネルギー源は、グリコーゲンなど糖質の割合が増大します。

逆にペースを落とすと、脂肪が使われる割合が増大します。

グリコーゲンは筋肉や肝臓に蓄えられています。しかし、その量には限りがあり、脂肪ほど多くありません。そのため、速いペースでレースを進めると、たくさんのグリコーゲンが使われてしまい、レースの途中でグリコーゲンが極端に減った状態にな

マラソンで実力を出し切るためには適切な強度のイーブンペースで走ることが基本

ってしまうことがあります。これが、レース終盤に起こるペースダウンの原因の一つであると考えられています。

そこで、スタート直後からペースを上げすぎないように注意し、エネルギー源としては脂肪を使い、グリコーゲンを温存した状態でレースを進めます。これが終盤の失速を防ぐのに効果的です。

## 無理のないイーブンペースが基本

血中乳酸濃度から考えても、グリコーゲンを温存させることから考えても、マラソンで実力を出し切るためには、適切な強度のイーブンペースで走ることが基本となります。それは、トップレベルのランナーも、一般ランナーも同じです。

距離が5000m以上の種目での世界記録のほとんどは、ペースメーカーによってイーブンペースによって達成されたものなのです。

ランニングフォームは、無駄な力が抜け、十分にリラックスしているのがよいとされています。膝を高く上げたり、腕を大きく振ったりする必要はありません。

腕は、どちらかと言えば肘の角度は小さくしてスイングさせるほうがいいでしょう。たとえば、その場で行進するように足踏みしながら肘を曲げないで腕を大きく振るのと、肘を曲げて振るのを比べてみれば、どちらが経済的に振れるかよくわかると思います。

## LT値前後のペースで走るトレーニング

マラソンのためのトレーニングは、スピードよりも量が重要であると言われています。距離走や、LT値前後の強度で行うペースランニングがマラソントレーニングの中心になります。

LT値前後の強度で行うトレーニングを行うと、LT値の向上が期待できます。LT値が向上すれば、より速いペースで、持続して走り続けることができるようになります。

したがって、マラソンの成績に直結するトレーニングだといえます。ただし、一つのトレーニングに偏り過ぎないようにし、いろいろなトレーニングを組み合わせることが大切です。

## 頭打ち状態を打破するトレーニング

マラソンのためのトレーニングを行うことで、最初のうちはタイムが着実に短縮されていきます。しかし、短縮される幅はしだいに狭くなっていき、いずれ頭打ちの状態になってしまいます。

一般ランナーでは、こうした現象がよく起こります。また、日本のトップレベルのマラソンランナーも、記録的には頭打ちの状態に陥っています。

このような状況から抜け出すためには、新たなトレーニングを始める必要があります。一般ランナーの場合であれば、坂トレーニングやヒルトレーニングで筋力強化に取り組むことにより、さらなるレベルアップが可能になることがあります。筋力強化はランニングエコノミーを高めるのに役立つため、マラソンのタイムを短縮することが期待できるのです。

また、トレーニングの中に速いペースのランニングを採り入れることで、タイプⅡ線維（速筋線維）のミトコンドリアを増やすことができます。そのようなトレーニングを行うことで、今までマラソンを走るときに使われていなかったタイプⅡ線維を動員できるようになれば、これまで以上の記録が期待できるでしょう。

# レースにおける呼吸法

レースでは腹式呼吸と胸式呼吸を使いわけ、
日頃のトレーニングで心肺機能を高める

## 理想の呼吸法とは

　陸上競技の長距離は有酸素運動です。呼吸によって空気を肺に吸い込み、肺から酸素を体内に取り込み、その酸素を利用して細胞内でエネルギーを産出し、走る力を生み出しています。その意味では、呼吸は走るうえでかなり重要な役割を占めています。

　しかし私のところにときどき、「練習や試合ですぐに息が苦しくなってしまいます。呼吸法が間違っているのでしょうか？」という質問が寄せられることがあります。レースにおける呼吸について考えてみます。

## 力まないことがポイント

　普段の生活では、特に息を吸ったり吐いたりを意識することはないと思います。それくらい呼吸は自然に行われているものです。しかし運動中は、エネルギーを生み出すために酸素を体内に取り込む必要があり、呼吸の回数が増えます。また、運動強度が高いと酸素もより必要になり、あわせて二酸化炭素の排出も増えるので、呼吸が乱れるのです。

　血液のなかにどのくらい酸素があるかを測る指標に「血中酸素飽和度」というものがあります。日常生活での値は98％ほどですが、運動強度が上がると90％近くまで下がります。これは血液に溶け込んでいる酸素の量が少なくなっている状態を示しており、「ゼイゼイハァハァ」といった呼吸をしているときは、まさにこの状態といえるでしょう。

　では、練習でもレースでもこの「ゼイゼイハァハァ」を楽にする方法はあるのでしょうか。残念ながらその解決方法はありません。レースを見ていると呼吸をすること自体で力んでしまい、無駄なエネルギーを使ってしまっているランナーを見かけます。まず力まないこと、リラックスした呼吸法を身につけることがポイントです。

　簡単に実践できる方法としては「吸う」より「吐く」ことを意識するとよいでしょう。たとえば、ゴルフのパット前やプロ野球のピッチャーが緊迫した場面で大きく息を吐いているのを見たことはありませんか。人間の体は、息を大きく吐くことによって心拍数が低下し、副交感神経が優位となってリラックスすることが生理学的にも認められています。また同時に大きく吐けば、自然に息を吸うことにもなるのです。

　この「自然に」というところがポイントです。意識して吸い込むのではなく、息を吐いた結果として空気が体内に流れ込むようになるとよいと思います。

## レース中は胸式呼吸を意識

　呼吸には「腹式呼吸」と「胸式呼吸」

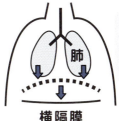
腹式呼吸
（スタート前）
肺と内臓の間にある横隔膜を下げる
横隔膜

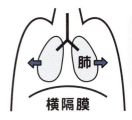
胸式呼吸
（レース中）
ろっ骨を前後に押し広げるように行う
横隔膜

とがあることはご存じかと思います。腹式呼吸は肺と内臓の間にある横隔膜を下げて行い、胸式呼吸はろっ骨を前後に押し広げるように行います。腹式だとゆっくり深い呼吸ができ、胸式だと浅く速い呼吸ができるのです。

ただ実際に2つの呼吸法をやってみるとわかりますが、ジョグならともかく、レースやポイント練習を走っているときに腹式呼吸はできません。それは、スピードを上げて走っているときは腹筋に力を入れ、体幹を硬くした状態にあるからです。そのため、走っているときに「吐くことを意識する」といっても、胸式呼吸で「ハッ」と息を吐き出すことになります。

このタイミングは人それぞれですが、足の接地と合わせることで、楽に行える場合もありますので、いろいろ試して自分なりの方法を探してみてください。

そして同時に私がお勧めしたいのはレース前の腹式呼吸による「深呼吸」です。緊張がピークに達すると、運動をしなくとも心拍数は上がります。スタートにつく前、一人の時間をつくって腹式呼吸で深呼吸を行うことで、無駄な力が抜けます。特に過度な緊張を解きほぐす手段として腹式呼吸による深呼吸をお勧めします。

## 心肺機能を鍛える

5000m走や3000m走の後半に「ゼイゼイハァハァ」と呼吸するのは当然のことです。運動強度が低いときは、糖や脂肪が酸素を利用しながらエネルギーを取り出し、二酸化炭素と水に形を変えます。運動強度が高くなってくると、それだけではエネルギーの供給が間に合わなくなり、酸素を使わずに糖からエネルギーを供給する割合が増えてきます。この過程で乳酸が発生し、その乳酸を処理するために、二酸化炭素が産生され、二酸化炭素の排出（換気量）が増えます。

つまり、運動強度が上がって呼吸が乱れるのは、呼吸の仕方の問題ではなく、有酸素性能力の問題なのです。この苦しさに耐えられるようになるには、インターバルなどの強度の高いトレーニングで心肺機能を鍛え、乳酸を発生させなくてもできる運動強度のレベルを上げていくことが大前提です。

レース中に呼吸がきつくなり、その状況を一瞬で変えることはできません。しかし、トレーニングによって有酸素性能力が上がってくれば、「ゼイゼイハァハァ」という呼吸の乱れは少なくなります。日頃から心肺機能の強化を図ることで、大きく改善することができるでしょう。

# ラストスパートを成功させる3つのポイント

## 絶対的な持久力が土台

　長距離種目であっても最後のスプリントで勝負が決まることが多いのは、よく知られています。レース全体のペースが遅くなればフィニッシュ近くまでで勝負はもつれ、ペースが速い場合、レースの大勢は比較的早い段階で決まります。

　どんなにスピードのないランナーであっても、ラスト1周を自分の400mのベストと同じタイムで走れれば、それなりのラストスパートになります。つまり、いかに余裕を持ってレース終盤まで走れるかが、スパートを考える上の原点です。絶対的な持久力を養うことがラストスパートの土台です。

## レースの流れを読む

　自分の力を温存するためには、よほど力のあるランナーでない限り、自分でペースをつくることを避けるべきです。特にいきなり先頭に出て走ることは避けたほうが得策です。レースの流れを見極め、位置取りを考える習慣をつけてください。また周囲のランナーの走力がわかっていて、マークするランナーが明確な場合は、その背後に付き、視界に入れておきます。

　ラストスパートをかけるタイミング（地点）は個々にあると思います。狙い通りに前に出て勝負を決められればよいのですが、それ以前にレース全体のペースが上がったり、逆にスローすぎて想定以上のランナーが先頭集団に残ることもあります。そのときの対処を事前に考えておき、流れに合わせてスパートできるよう準備しておくことが重要です。

## 動きを切り替える意識を持つ

　ラストスパートを磨くためには、スプリント能力向上のための筋力トレーニングや目標とするレースペース以上でのスピードトレーニング（ショートインターバルやレペテイション）が有効です。加えて下り坂でのダッシュもお勧めです。重力により平地でのダッシュ以上に素早い動きが可能です。100m程度のブレーキがかからない緩やかな下り坂で、地面が芝など柔らかく滑らない場所で行います。自力では不可能なスピードで行うことで筋と神経系に刺激を与え、特に神経系の適応により動きがスムーズになります。ジョグ後に100mを5本程度、素早くスピードの切り替えを心がけながら行います。そしてこの素早い動きを各種ポイント練習で取り入れます。ラスト300mや200mなど、スパートのタイミングを何パターンか決めて、走りを切り替える練習をしましょう。動きを切り替える意識を強く持つことが重要です。

　ラストスパートのカギは「ラストまで余力を残す持久力と走り方を身につける」「レースの流れを読む」「レース終盤で走りを切り替えられる」こと。この3点を覚えておきましょう。

# 第 6 章
## メンテナンスと休養

第6章　メンテナンスと休養

# 1 疲労と回復のメカニズム

トレーニングをすることで体が強くなるのは、トレーニングによって生じた疲労から回復していくとき、元のレベルよりも高いところまで回復するからです。この現象を利用し、十分に回復したところで次のトレーニングを行うと、さらに高いレベルへと向上することができます。効率よくトレーニング効果を得るためには、疲労と回復のメカニズムをよく理解し、十分に疲労が回復したところで、タイミングよくトレーニングを行う必要があります。強くなるためには、トレーニングだけでなく、疲労を回復させることも大切なのです。

## 短期疲労と長期疲労がある

トレーニングでは、目標に向かって計画通りに進んでいるか、内容は適切であるか、効果は現れているか、といったことを検証し、確認することが重要です。それを継続していくことこそが、成果につながっていきます。

トレーニングを行っていく過程で、ランナーを最も悩ませるのは「疲労」です。この疲労の概念は広く、トレーニングによって肉体的、精神的に生じ、過度の負担がかかることによる身体機能の低下のことを指すのが一般的です。ここでは特に筋肉の疲労について理解し、それをトレーニングに生かすために、疲労と回復の関係について解説していきます。

筋肉が疲労し、それが十分に回復していない状態でトレーニングを行うと、疲労を積み重ねてしまうことになりますし、それによって十分に力を発揮できなくなってしまいます。そもそも筋肉の疲労とは、発揮できる力が低下した状態のことをいいますが、数分から数時間で回復する「短期的疲労」と、回復するのに1日以上かかる「長期的疲労」があります（**表6-1-1**）。中長距離走のトレーニングで生じる疲労は、トレーニングの内容によって、両者が複雑に関わっています。

トレーニングの内容によって短期疲労、長期的疲労の両者が複雑にからみあっている

表 6-1-1 疲労の種類

| | 疲労の種類 | | |
|---|---|---|---|
| | 短期的疲労 | | 長期的疲労 |
| | 局所的疲労 | 中枢性疲労 | |
| 原因 | 高強度の運動（例：短距離の全力疾走）<br>高強度の運動（例：重い物を一気に持ち上げたとき） | | 伸張性筋力発揮<br>（例：ランニング時、接地した脚の膝が曲がっていくときの大腿四頭筋） |
| 現象 | 筋グリコーゲンの枯渇、筋グリコーゲンの枯渇による筋力の低下、筋収縮速度の低下 | 脳からの防衛反応による筋力低下 | 遅発性筋肉痛、筋線維の微少な損傷 |
| 回復期間 | 数分～数十分 | 数分～数十分 | 1日以上 |

## 短期的疲労

短期的疲労は、「局所的疲労」と「中枢性疲労」の2つに分けられます。

局所的疲労は、強度の高い運動を行うことによって起こります。短距離走を行ったときや、重い物を一気に持ち上げるような運動を行ったりしたときに起こります。このような動作をした際には、短時間での筋収縮の低下を招きます。これはエネルギー源となるATPからリン酸が放出されて、その濃度が上昇することや水素イオン濃度の上昇によりカルシウムの働きが悪くなることで引き起こされるためです。

この疲労は比較的回復が早いのが特徴で、数分から数十分で回復します。また、トレーニングとして強度の高い運動を繰り返すことで、筋緩衝能力（疲労のない状態をキープする能力）が高まり、疲労耐性が向上していきます。

中枢性疲労は、筋肉の過度な損傷を防止するため、脳が保護機能を発揮することによって起こります。筋肉を動かそうと脳が信号を出しても、それが筋肉にうまく伝わらなくなることで、筋力が低下してしまうのです。また、血液中に含まれているトリプトファン（アミノ酸の一種）が脳に送り込まれることで、疲労を感じるのだとも言われています。

## 長期的疲労

長期的疲労は、伸張性筋力発揮によって引き起こされます。伸張性筋力発揮とは、筋肉が引き伸ばされながら筋力を発揮することです。筋肉は収縮するときに力を発揮しますが、引き伸ばされながら力を発揮する場面も多く見られます。

たとえば、箱根駅伝の下りのような坂道の下りを速いペースで走るとき、大腿部前面の大腿四頭筋は、引き伸ばされながら力を発揮しています。伸張性筋力発揮をしているのです。ランニング中に足を接地させた際、膝が曲がっていく局面で、大腿四頭筋が伸張性筋力発揮をしているのです。

このように筋を使うと、遅発性筋痛（いわゆる筋肉痛）が引き起こされます。そして、運動の強度にもよりますが、その痛みは運動の48～72時間後にピークに達し、それに合わせて筋力が著しく低下します。このような疲労は、筋線維に微小な損傷が

# 第6章 メンテナンスと休養

## 1 疲労と回復のメカニズム

起こることが原因とされています。そして、それが回復するのには、比較的長い時間が必要になるのです。

### 疲労することで超回復が起こる

このように、筋肉は運動の種類や強度に応じて疲労を起こします。そして、その疲労を回復させることで、以前よりも高いレベルまで能力を向上させることができます。

その様子を示しているのが**図6-1-1**の上段左側で、横軸は時間、縦軸はパフォーマンスを表しています。トレーニング前のパフォーマンスレベルはAにあります。激しいトレーニングを行うと、その直後は疲労することでパフォーマンスのレベルはBまで低下します。しかし、休息したり栄養を取ったりすることで、徐々に回復していきます。そして、トレーニング前と同じレベルであるCを超え、Dまで向上します。この現象を「超回復」と呼んでいます。

回復にかかる時間は、個人差があることと、トレーニング内容にもよりますが、多くは2～3日程度です。中長距離ランナーは、インターバルやペースランニングなど、

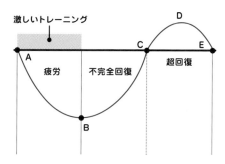
・超回復の原理

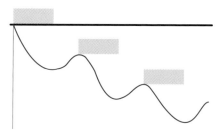
・疲労からの回復が不十分のままトレーニングを行った場合

・超回復のタイミングで適切にトレーニングを行った場合

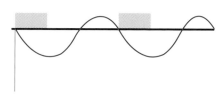
・休みすぎてトレーニングの間隔があきすぎている場合

**図6-1-1 疲労回復とトレーニングとの関係**

いろいろ試して自分にあった回復法を体得する

ポイントとなるハードなトレーニングをした後、2～3日は、疲労回復を目的としたジョギングなど軽めのトレーニングを行います。

Dまで回復したところで、タイミングよく新たなトレーニングを行うと、Dよりもさらに高いレベルへ超回復することができます。これを繰り返すことで、持っている能力を伸ばしていくことが可能になるのです。

## タイミングが大切

ここで大切なのは、Dがいつなのかを正確に見極めることです。疲労から十分に回復していない段階で次のトレーニングを行ってしまうと、超回復が起こらず、故障のリスクが高まります。

逆に、Dになった時点でトレーニングが行われず、休みすぎた状態になると、超回復で得られたせっかくのトレーニング効果が失われ、パフォーマンスレベルはEまで下がってしまいます。これでは、いくらトレーニングを行っても効果があがりません。

効率よくトレーニングを行うためには、Dがいつかを見極めるために体の状態を把握することです。トレーニング後のケアの方法や、疲労回復を目的としたジョギングの質や量をいろいろ試して、自分に合った回復法を体得する必要があります。

継続してトレーニングを行うには、血液検査を利用し、血中のクレアチンキナーゼ（CK）の値をチェックし状態を客観的に把握することも勧められます。CKは、筋肉が損傷したときに血中に出てくる酵素で、筋疲労の指標と考えられています。その値はトレーニング後24時間以降に顕著に上昇します。

ハードなトレーニングをした後、36～48時間が経過しても、まだあまりに高い値を示しているような場合には、同レベルのトレーニングを行うのは避けたほうがいいと考えられます。日頃から定期的に検査データを蓄積しておくと、タイミングよくトレーニングを行うための重要な判断材料となります。

このCKを抑制するためにトレーニング前に分岐鎖アミノ酸（BCAA）のサプリメントの摂取をお勧めします。これによって遅発性筋肉痛や筋疲労感が軽減したという研究報告があります。これは分岐鎖アミノ酸摂取によって筋肉のたんぱく質の分解の抑制やたんぱく質の合成が促進されることによるものだと考えられています。よって疲労から回復までの期間を短縮する手助けになることでしょう。

第6章 メンテナンスと休養

# 2 ウォーミングアップの必要性

スポーツや運動をする際にウォーミングアップを行うのは、身体機能を高め、これから行うスポーツや運動に適した状態にするためです。たとえば、ジョギングなどのウォーミングアップを行うと、交感神経が高まることで心拍数の上昇、血流の増加、筋温や体温の上昇など、生理的な変化が起こります。

このように、ウォーミングアップによって生理的な状態を整えることは、重要なレースで最高のパフォーマンスを発揮するためにも、日常のトレーニングでケガや故障を防ぐためにも、欠かすことはできません。

## 形だけのものになっていないか

レースやトレーニングなど、主となる運動を行うためには、体や精神の状態を準備しておく必要があります。そのために行うのがウォーミングアップです。文字通り体を温めることにより、心身のさまざまな機能を高め、運動に適した状態にしていきます。

ランナーなら誰でも、レースやトレーニングの前にウォーミングアップを行っています。しかし、ウォーミングアップは軽視されがちです。「汗をかけば体が動くようになる」といった程度の理解で、いいかげんに行われていることが多いのではないでしょうか。

ウォーミングアップを行うことで、体の生理機能がどのように変化し、パフォーマンスにどのような影響を及ぼしているのか、といったことを理解しているランナーは、決して多くありません。しかし、大事なレースで最高のパフォーマンスを実現させるためにも、日々のトレーニングで故障しないためにも、ウォーミングアップについてよく理解し、適切に実施することが大切です。生理的な機能がどう変化するのかを理解してウォーミングアップを行えば、レースやトレーニングなどに、スムーズに入っていくことができます。

行う意味、生理的な変化を理解してウォーミングアップを行う

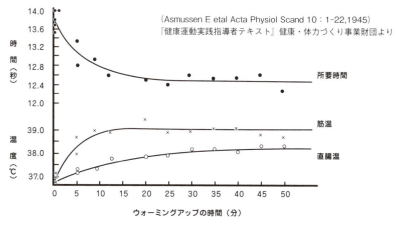

図6-2-1 ウォーミングアップ時間と筋温、直腸温および作業所要時間との関係
（100m疾走時の計時に相当）

## ウォーミングアップの目的と効果

ウォーミングアップを行う目的は2つあります。一つは、これから行う激しい運動に対して、安全にそれを行えるような体の状態を作ること。もう一つは、自分の能力を最大限に発揮できるようにすることです。

ウォーミングアップとして一般に行われているのは、体操やストレッチ、ウォーキング、ジョギング、ドリルなどです。これらの運動を行うと、体の諸器官の働きを司っている自律神経（交感神経と副交感神経から成る）は、交感神経が優位な状態になります。それによって、心拍数の増加、血流の促進、血圧の上昇、呼吸数の増加といった現象が起こります。このように生理機能を促進させることで、筋温や体温を上げていくのです。

このように、呼吸循環器系の機能が高まることで筋温が上昇すると、ランナーにとっては障害の予防に役立ちます。筋温が高まることで柔軟性が向上し、関節の可動域も広がって、動きが滑らかになるからです。

また、筋温の上昇は、神経機能の向上をももたらして、素早い動きや力強い動きが可能になります。こうした変化によって、パフォーマンスを向上させることができるのです。

## 最適な状態をつくるために

ウォーミングアップは、どのくらいの時間をかけて実施すると、最適な状態になるのでしょうか。100m走において、ウォーミングアップ時間とパフォーマンスの関係を調べた研究があります（**図6-2-1**）。

このデータからもわかるように、筋温は比較的短時間で上昇していきますが、直腸温（深部の体温）が上昇するのには時間がかかります。そして、注目すべきなのは、高いレベルのパフォーマンスが発揮されたのは、直腸温が十分に上昇したときだったということです。

つまり、最高のパフォーマンスを実現させるためには、筋温が上昇しただけでは不十分で、深部の体温を上昇させる必要があるのです。走るための最適な状態をつくり出すためには、多くの人が考えているより

## 2 ウォーミングアップの必要性

時間がかかります。簡単にすませるのではなく、じっくり時間をかけ、体の深部の体温まで上昇させることを心がけてください。

### 季節に応じたウエアで行う

具体的にどのようなウォーミングアップを実施するかは、気候によっても変える必要があります。

たとえば、気温が高い夏などは、体力の消耗を防ぐためにも、炎天下は避け、日陰など比較的涼しい場所を選んで行うことが勧められます。内容も、運動の強度を落として負担を軽減し、体力を温存することを考えます。

ウエアも気候に合わせて選択します。気温の高い夏でも、気温が低いときと同じように着込んで、ウォーミングアップを行っているランナーを見かけることがあります。これは体力を消耗させてしまうのでよくありません。夏は熱を逃がすウエアを着ていても、十分に筋温や深部の体温を上げることができます。

一方、気温が低い季節には、夏よりも時間をかけて体を動かしていかないと、深部体温はもちろん、筋温も十分に上昇させることができません。体が温まらないまま、レースに出場したり、高強度のスピードトレーニングを行ったりすると、高いレベルのパフォーマンスが期待できません。それだけでなく、故障を招くことにもつながってしまいます。

特にレース前は、ウォーミングアップを終えてから実際に走り出すまでに、かなり時間があります。ここで筋温や深部体温を下げてしまわないように、ウエアなどでしっかり保温することが大切です。このような場合は、保温性の高いウエアを着込んで、体操やストレッチを行うとよいでしょう。故障を防ぐのにも役立ちます。

### ウォーミングアップの手順

ウォーミングアップは、体操やストレッチ、ウォーキングなど、比較的軽度な運動から始めるのが基本です。このとき、なるべく体の中心部分にある大きな筋肉群から動かすようにします。筋肉を動かすと血液を循環させるポンプ作用が働くため、臀部、大腿部、腰背部の大きな筋肉を動かすことで、血液循環を促進させ、効率よく体温を上げることができるからです。大きな筋肉を動かしてある程度体温を上げてから、末端の筋肉を使った運動に移行します。

ジョグを行うときも、最初はごくゆっくりと走り始め、少しずつ通常のスピードのジョグへと移行していきます。ジョグを行うと心拍数が上がり、筋肉のポンプ作用も働くため、筋温や深部体温を上げるのに役立ちます。

ジョグで十分に筋温と深部体温が上昇したところで、ストレッチを行います。

ストレッチには、静的ストレッチと動的ストレッチがあります。静的ストレッチは、勢いをつけることなく筋肉を伸ばし、その状態を維持する方法です。動的ストレッチは、手足を回したりするような、動きを伴ったやり方で筋を伸ばし、関節の可動域を広げる方法です。ウォーミングアップには、動的ストレッチが適しています。

# ウォーミングアップの例

### ミニハードル

膝をしっかり上げて、リズムよく連続運動でミニハードルを越える（横移動・前移動）

### ハードルドリル

ハードルをまたぎながら前に進む。抜き脚をしっかり引き上げて前に踏み出す（またぎ越し）

### ジョギング

常に正しいフォームでリラックスして走る。筋温を上げることが目的

### ストレッチ（ハムストリング）

膝立ちで片脚を前方に伸ばし、上体を前にゆっくり倒して大腿部後面と臀部を伸ばす

### ストレッチ（大腿四頭筋）

脚を前後に大きく開き腰をしっかり落とし、後ろ脚の大腿部前面を伸ばす

### ストレッチ（前脛骨筋・腓骨筋）

すねに手を当て、足の指先あたりをつかんで反らす

### ストレッチ（アキレス腱）

足を前後に開いて立ち、足裏をつけたまま、腰を落として後ろ脚のふくらはぎを伸ばす

### ストレッチ（腓腹筋）

足を前後に開いて立ち、足裏をつけたまま、腰を落として後ろ脚のふくらはぎを伸ばす

第 6 章　メンテナンスと休養

# 3 クーリングダウンの理論と方法

　激しいトレーニングやレースの直後には、立ちくらみやめまいを防ぐためにも、血液中の乳酸を速やかに除去するためにも、倒れ込んだり、立ち止まってしまったりせず、体を動かし続けたほうがよいのです。適切なクーリングダウンを行うことで、乳酸が効率よく除去され、酸性に傾いていた血液が中和されます。勧められるのは、15分以上のゆっくりしたジョギングと、静的ストレッチです。

## 走った直後の血液の戻りをよくする

　ランニングを行っているとき、ランナーの体では心拍数が増加し、心臓から全身へ多量の血液が送り出されていきます。特に激しいトレーニングやレースなどでは、血流量はかなり増加しています。そのようなランニングの直後に、すぐに立ち止まったり、横になったりすると、立ちくらみやめまいが引き起こされることがあります。経験のある人も少なくないでしょう。

　こうした現象が起こるのは、立ち止まったり、横になったりすることで、血液が活発に流れていた状態が、急激に変化させられるためです。それによって、血液が末梢部にとどまってしまい、帰還血液量（心臓に戻ってくる血液の量）が減少します。それによって、立ちくらみやめまいといった不具合が生じてしまいます。

　走った後にクーリングダウンを行うと、体の状態を徐々に戻していくことができます。それによって、立ちくらみやめまいなどの症状を、未然に防ぐことができるのです。

## ジョギングで乳酸を除去する

　激しい運動を行うと、乳酸が血液中に蓄積していきます。乳酸の濃度が高くなりすぎると、これまで説明してきたように筋収縮の低下が起こります。乳酸濃度は、運動

クーリングダウンのジョグはゆっくり長めに15分以上行うとよい

148

直後より、その数分後のほうが高くなります。

この乳酸濃度は、運動後に安静にしているよりも、体を動かしているときのほうが、速やかに除去されていきます（**図6-3-1**）。

そして、運動の種類や強度によって、乳酸が除去される速さが変わってきます。歩くよりはジョギングをしたほうが早く除去されます。ジョギングでも、ある程度の速度のジョギングを行うほうが、早く乳酸を除去することができます。これは、血液を循環させるように維持することで乳酸を再度エネルギーへ変換させる働きがあるからです。激しいトレーニングを行った直後は、呼吸が苦しいために止まりたくなります。しかし、乳酸を除去することを考えれば、座り込んでしまったりするより、できるだけ体を動かしていたほうがいいのです。

体を動かしていると、血流が保たれることで乳酸が除去されやすくなりますが、効果はそれだけではなく、酸性に傾いた体を速やかに安静時レベルまで中和させる働きもあるのです。

したがって、走った直後のジョギングは、トレーニングやレース後のクーリングダウンだけでなく、レペティションのリカバリー時や予選、決勝のラウンドがある大会のレース後にも応用できます。速やかに乳酸を除去し、酸性に傾いた血液を中和させておくことは、次のランニングによい影響を及ぼすからです。

このように適切にクーリングダウンを行うことは、トレーニング後の体に大きく影響してきます。強くなるコツは、トレーニングを継続して行うことにあります。そのためには、疲労を可能な限り速やかに取り除くため、適切なタイミングで、適切な内容のクーリングダウンを行うことが必要です。

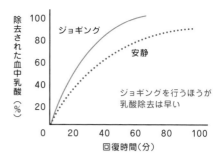

**図6-3-1 ジョギングと安静による激しい運動後の血中乳酸の除去**

## 15分以上のジョギングを行う

クーリングダウンでは、ジョギングとストレッチが行われます。

● ジョギング

クーリングダウンの中心となるのがジョギングです。トレーニング直後に倒れ込んだり、座り込んだりせず、しっかりとジョギングを行います。ペースは通常よりも少し落とし、1km5〜6分程度が適当です。このようなジョギングを15分以上行うようにします。

● ストレッチ

ストレッチには、反動をつけずに筋肉を伸ばす静的ストレッチ（スタティックストレッチ）と、動きの中で筋肉を伸ばす動的ストレッチ（ダイナミックストレッチ）があります。クーリングダウンでは、静的ストレッチを行います。

筋肉を無理に伸ばさないようにしながら、一つのポーズを30秒程度続けます。このとき、伸ばしている部位を意識し、呼吸を止めずにリラックスして行います。一人でも行えますが、パートナーがいる場合には、ペアでストレッチを行うとよいでしょう。一人では伸ばしにくい部分も、2人組で行うことで、筋肉がより伸展され効果的です。

第 6 章　メンテナンスと休養

# 4 アイシングによる故障予防

走ることで体はダメージを受けます。トレーニングを継続させるためには、トレーニング後に適切なケアを行い、体を常によい状態に保っておくことが必要です。そのために勧められるのが、安静、冷却、圧迫、拳上を組み合わせた「R.I.C.E.」という方法です。痛みや違和感などの症状が現れている場合はもちろん、そういった症状が現れるのを予防するためにも、日々のトレーニング後に行うとよいでしょう。

▲長距離走者にみられるオーバーユースによる炎症や痛みの問題はアイシングで対処する

## トレーニングを増やし継続させる

現在持っている能力を、さらに高いレベルに向上させるためには、トレーニングの量（距離や頻度）を増やしていくのが手っ取り早い方法です。しかしそのようなトレーニングを重ねていくと、障害を引き起こしてしまいがちです。

中長距離ランナーによく見られるのが、脛骨過労性骨膜炎（シンスプリント）、足底筋膜炎、腸脛靭帯炎などの障害です。これらのほとんどはオーバーユース（使い過ぎ）による炎症性の障害で、中長距離種目のトレーニングが原因となって起こります。

それを防ぐには、アイシングによる正しい処置を行うことが勧められます。ランナーが順調にレベルアップしていくには、トレーニング量を増やし、それを継続させていくことが大切です。そのためにも、トレーニングの中断は何としても避けたいところです。痛みが出る前の予防や、痛みや違和感が現れた場合の直後の対処法を知っておくことは、怪我を未然に防いだり、早く回復させたりすることにつながります。

## 痛みや違和感があったら「R.I.C.E.」

捻挫などの外傷が起きた場合の救急処置として、アイシングが行われることがあります。しかし、それだけでなく、オーバーユースによって起こる障害でも、アイシン

## 図 6-4-1 RICE

**Rest（安静）**
動かさないことが鉄則

**Icing（冷却）**
患部を氷で冷やす
時間は15〜20分

**Compression（圧迫）**
圧迫して内出血や腫れを防ぐ

**Elevation（挙上）**
心臓より高い位置におく

グを行うことが、炎症が起きるのを予防したり、痛みを軽減させたりするのに役立ちます。

効果的にアイシングを行うために、Rest（安静）、Icing（冷却）、Compression（圧迫）、Elevation（挙上）という4つの対処法を実践しましょう。特に痛みや違和感を覚えた場合には、時間をおくことなく、できるだけ速やかに対処することで、回復も早くなります。

4つの対処法は、英語の頭文字から「R.I.C.E.」と呼ばれています。

## Rest──動かさないことが鉄則

痛みや違和感がある場合には、走るのをやめることが大切です。そして、症状が現れた直後は、痛めた部分をマッサージしたり、ストレッチしたりするのをやめます。それによって、症状をより悪化させる可能性があるからです。

特に捻挫の場合には、障害の起きている関節を動かしたり、ストレッチで筋肉を伸

## 4 アイシングによる故障予防

展させたりしてはいけません。痛みが出た初期には、動かさないことが鉄則です。

### Icing—氷嚢を使って患部を冷やす

捻挫では、筋や腱を損傷していることが多く、時間が経過すると炎症によって患部が腫れてきます。筋膜炎などの場合も、熱をもってむくむように腫れてきます。これらの症状を抑えるためには、患部を氷で冷やすことが有効です。激しい症状はなく、違和感があるといった程度の場合でも、患部を冷やすことは非常に効果があります。

冷却方法は、氷嚢を使うのが理想的です。それがない場合には、氷で直接患部を冷やすか、ビニール袋に氷を入れ、空気を抜いて密閉して患部に当てます。

時間は15〜20分です。凍傷の危険があるので、きちんと時間を管理して行います。なにかをしながら行っていると、うっかりして時間が長くなりすぎる危険があります。

冷やしていると患部の感覚がなくなってきますが、冷やすのをやめて時間がたてば感覚は戻ります。障害が起きた初期の段階では、感覚が戻ってきた後、再度冷却を繰り返すと、痛みが緩和されていきます。

### Compression—内出血や腫れを防ぐ

捻挫など、外傷が起きた場合には、特に圧迫が必要です。また、筋膜炎などで腫れがある場合にも有効です。冷却と同時に圧迫を加えることで、内出血や腫れを防ぐのが目的です。

バンデージなど、伸縮性のある包帯を使い、患部に適度な圧迫を加えます。過度に圧迫することは避けます。

### Elevation—心臓より高い位置に

痛めた部位を、心臓より高い位置に保ちます。ランナーの場合、痛めるのは主に脚部ですから、横になって脚を台などに乗せます。炎症が強いときには、こうすることで、立っていたり、座っていたりするより、痛みが軽減されます。

心臓より高い位置に保つとよいのは、痛めた部位に、血液やリンパ液などが集まってくるのを防ぐためです。患部が熱をもつと、そこを冷やそうとする体の反応で、血液やリンパ液が集まり、その結果として患部が腫れてしまうのです。これは、捻挫が起きたときも、オーバーユースによる障害が起きたときも同じです。意識して高い位置に保つようにしましょう。

### 大切なのは故障を予防すること

故障が起きたときの対処法を覚えておくことは必要ですが、それよりも大切なのは、痛みや故障が起きるのを予防することです。

過去に痛めたことがある部位は、そのランナーの走りの特性から、再び故障が起きやすい部位と言えるでしょう。日々のトレーニングの後には、めんどうくさがらずに、きちんとケアすることが勧められます。

トレーニング後のケアとしては、アイシングだけでなく、マッサージなどで筋肉の緊張をほぐすことも勧められます。

また、故障を防ぐためには、ウォーミングアップのジョグやストレッチに時間をかけて、筋肉の温度を高め、柔軟性を高めてからトレーニングを始めることも大切です。

第 6 章　メンテナンスと休養

## 5　故障予防のための O 脚改善

腰痛、膝痛、下腿三頭筋痛、アキレス腱炎、腸脛靱帯炎、足関節痛はランニングによる代表的な障害です。これらの障害は走距離が長くなるほど起こる傾向がありますが、故障しがちな人は、アライメント（骨の並び）やランニングフォームなどをチェックして、故障誘因からしっかり治すことが重要です。

特に腸脛靱帯炎はO脚の人に多く見られるため、O脚を改善するトレーニングの導入が効果的です。

### O脚を直すためのトレーニング

長距離ランナーにはO脚の人も多く見られます。O脚をそのままにしておくと、脚の外側にある腸脛靱帯に負担がかかり、故障を招きます。改善には内転筋を鍛えるトレーニングが効果的です。

写真のように、つま先を上げ、ゴルフボールを膝に挟みます。O脚の選手は骨盤が開いているため、腰にベルトを巻いて同時に内側へ矯正します。そしてゆっくりと前屈していき、限界まで来たらゆっくり元に戻します。このとき、ゴルフボールをしっかり挟むように内転筋と臀筋に力を入れ続けてください。この際、途中で動きを止めないで一連の動きを 10 回を 3 セット行います。

左右の開きが大きい選手はゴルフボールではなく、テニスボールにするなど、脚の開きに応じて挟むボールを変えて結構です。また、ストレッチボードの上で行うのが理想ですが、重ねた雑誌の上で行ってもよいでしょう。

このトレーニングは即効性があり、3 セット行うだけで目に見えて効果が確認できます。しかし、動きの癖までは修正できません。そのため、すぐに戻ってしまうのも事実です。

継続して行い、時間をかけて直すようにしましょう。

#### O 脚の矯正法

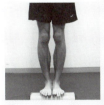
❶つま先・かかとをそろえ、つま先を少し高くしてまっすぐの姿勢で立つ

❷ゴルフボール大の物を両膝の間に挟む

❸まっすぐ立つ（正面）
※骨盤を矯正するためベルトを巻く

❹ボールを落とさないように内転筋と臀筋に力を入れ続け、徐々に前屈していく

❺前屈が限界まできたら、内転筋に力を入れ続けながらゆっくり元に戻す

第 6 章　メンテナンスと休養

# パフォーマンス向上のための アミノ酸サプリメントの活用

　レースはもちろん、日々のトレーニングでも、レベルの高い走りができたときには、達成感や喜びがあることと思います。その感覚を得たいために日々の苦しいトレーニングに耐えられていることでしょう。しかし、それと同時に、体はこれまでにない大きなダメージを負っているのだということを忘れていませんか。

　回復を促すためには、次のトレーニングを実施するまでの間に、睡眠を含めた休養時間をとることと、十分な栄養をバランスよく摂取することが欠かせません。ここでは運動直後に重要な役割を担うたんぱく質について述べていきます。理想のタイミングで摂取するためには、アミノ酸サプリメントの利用が勧められます。分岐鎖アミノ酸を含むアミノ酸サプリメントには、高強度のトレーニングで起こる筋損傷を軽減させる働きも期待できます。

## トレーニング効果とたんぱく質

　人間の体は、水分を除くとその約50％はたんぱく質でできています。筋肉、血液、血管、ホルモン、神経、皮膚、髪、爪など、体のさまざまな部分が、たんぱく質によって形成されています。そして、筋肉がそのうちの約半分を占めています。

　筋肉を構成している筋細胞の中では、絶えずたんぱく質の合成と分解が行われています。筋肉量が変わらなくても、古いたんぱく質が分解され、新しいたんぱく質が合成されているのです。

　この合成の材料となるのはアミノ酸です。食事として摂取したたんぱく質は、胃や腸で最小単位のアミノ酸にまで分解され、腸壁から吸収されます。そして、血液によって全身の細胞に運ばれていきます。筋細胞でも、そのアミノ酸を材料として、筋肉のたんぱく質の合成が行われます。つまり、たんぱく質を含む食事をとることによって、筋肉量は保たれているのです。

　トレーニングを行うと、筋細胞内ではたんぱく質の分解が進みますが、同時にそれを上回る合成が行われます。そのため、トレーニングすることによって、筋肉は増えていきます。

　しかし、トレーニングを行っても、食事で十分なたんぱく質を摂取していなければ、材料のアミノ酸が不足してしまい、分解を

アミノ酸サプリメントを有効利用する

上回る合成ができません。せっかくトレーニングを行っても、その効果を得ることができないのです。

## アミノ酸摂取のタイミングと摂取量

トレーニングを実施すると、筋肉のたんぱく質は、分解される量を上回って合成されます。トレーニング直後は、その合成速度が高くなっていることから、そのときにたんぱく質を摂取するのが理想とされています。筋肉細胞でたんぱく質が盛んに合成されるときに、材料となるアミノ酸が十分にある状態にしておこうというわけです。

しかし、実際のトレーニングの場面では、トレーニングが終了した直後に食事をとるのは、難しい場合が多いでしょう。また、トレーニングを終えてすぐに食事をしても、たんぱく質がアミノ酸に分解され、吸収されるまでには時間がかかってしまいます。

こうした問題を解決するのが、アミノ酸サプリメントです。すでにアミノ酸の形になっているため、吸収が非常に速いという特徴があります。トレーニング後に摂取しても、筋細胞でたんぱく質合成が高まる頃には、吸収されて細胞まで運ばれています。また、アミノ酸に糖質を加えたサプリメントなら、たんぱく質合成の効果は最大限に高まります。

アミノ酸の摂取量には適量があり、たくさんとればいいというものではありません。必須アミノ酸（説明後述）の摂取量は10gが適量と考えられていて、多く摂取しても、不要な分は排出されてしまうのです。

アミノ酸を摂取すると、老廃物としてアンモニアが生成され、それを排出する必要性が生じます。大量にアミノ酸を摂取した場合には、そのアンモニアによって、疲れやすくなるなどの逆効果を招いてしまう可能性もあるので、摂取量には注意する必要があります。

## 筋肉の損傷を防ぐアミノ酸の働き

アミノ酸は、必須アミノ酸と非必須アミノ酸に分類することができます。必須アミノ酸は、たんぱく質を形成している20種類のアミノ酸のうち、体の中で作り出すことができない9種類のアミノ酸で、不足させないためには、食事などによって摂取しなければなりません。

その中でも、バリン、ロイシン、イソロイシンは、分岐鎖アミノ酸（BCAA）と呼ばれ、必須アミノ酸の約40％を占めています。これらのアミノ酸は、筋肉におけるたんぱく質の合成を促したり、たんぱく質の分解を抑制したりすることで、筋疲労を防ぐ働きをしてくれます。

特に筋肉痛を招くような強度の高いトレーニングを行ったときには、筋肉の損傷を防ぐような働きをすると考えられています。筋肉が損傷を起こすと、血液中にクレアチンキナーゼ（CK）という酵素が増えるため、この物質は筋損傷の指標として使われています。高強度のトレーニングを行うと、通常はCK値が上昇します。ところが、事前に分岐鎖アミノ酸を摂取しておくと、CK値の上昇が軽減されることが明らかになっているのです。

その他に酸素の運搬を担う赤血球やヘモグロビンもたんぱく質で形成されており、役割は多岐にわたり摂取は欠かせません。ランナーが強くなっていくためには、強度の高いトレーニングを繰り返さなければなりません。分岐鎖アミノ酸を含むアミノ酸サプリメントは、トレーニングによるダメージを抑え、トレーニングの継続性を高めるのに役立ちます。

第 6 章　メンテナンスと休養

# 貧血対策

　「練習もしっかりできているのになぜか試合でうまく走れない」「チームの練習についていけない、疲労が抜けにくい感じが続く」といったような、原因がわからない体調不良のときはまず貧血を疑ってみる必要があります。本書でも何度も触れていますが、貧血に気づかず、そのままトレーニングを続けていくと、深刻な体調不良を招く恐れがあります。軽く考えず、確認のため血液検査を行いましょう。貧血と診断されたのなら休養とその後の対策を取らなければなりません。

## 貧血の時の対処法は？

　ランナーの体調不良で最も多いのが貧血です。汗の中には一定量の鉄が含まれているので、気温が急激に上がり発汗量の多くなる春先や夏に貧血は発症しやすいようです。硬い路面でのランニング時の接地の衝撃により赤血球が壊されることがあります。体質的なものや栄養不足により引き起こすケースも非常に多いです。赤血球のヘモグロビンが不足すると有酸素性の能力は激しく低下するためそのような状態は避けなければなりません。

　ヘモグロビン濃度の正常値の下限は、一般の男性で 13mg/dl、女性で 12mg/dl です。下回るようであればトレーニングを中断するか強度を落とします。体幹トレーニングや軽いジョギングで 2 週間は様子をみます。同時に食生活の見直しも図ります。

　そのヘモグロビンを生成する元となるのが鉄です。食事でも鉄分を多く含んだ食品を多くとらなければなりません。鉄分を多く含む食物は、レバーやドライフルーツ、大豆、芋などです。鉄分は体に吸収されにくい栄養素ですが、ビタミン C を一緒にとることで、体に吸収されやすくなります。100％のオレンジ ジュースやフルーツなどを食事に取り入れるとよいでしょう。逆にお茶やコーヒーは鉄分の吸収を妨げます。意外と知られていないのが卵の黄身です。リンタンパクによって吸収を阻害しますので一緒にとらないよう注意してください。

　鉄分は成人男性では 1 日に 15mg、成人女性では 12mg の摂取が必要とされています。しかし、長距離ランナーはそれより多く取る必要があります。1 日 3 度の食事で摂取できれば理想ですが、実際はなかなか難しいため、サプリメントの利用が有効です。ドリンクタイプのものなどを使うと手軽に補給することができるでしょう。

　重度の貧血の場合、医師によっては鉄剤を注射で投与することもあります。速効性はありますが、過度な鉄の摂取は副作用が出る恐れもあります。スポーツに理解のある医師に相談して治療を進めるようにしてください。練習内容と食生活を見直し、休養を取れば、多くの場合、貧血は改善されます。

# 8 トレーニング時の水分補給

夏の暑い時期の水分補給は、体にとって非常に重要な役割を担います。特に運動時は水分補給を怠るとパフォーマンスの低下を引き起こし、ひどい場合には脱水によって熱中症になり、最悪の場合には死に至ることもあります。一般的には体内水分の2％が失われるとパフォーマンスが低下するといわれています。水分が失われると体にとって大きなダメージとなり、疲れるだけのトレーニングになりかねません。特に高温多湿の環境では相当な体力を消耗してしまい、トレーニングを継続できなくなってしまいます。長時間のハードなトレーニングでは、大量の汗をかくため体重の2％くらいは簡単に失ってしまいます。以下の点を考慮して水分補給を行うとよいでしょう。

## 何をどのくらい飲むか

大量発汗時には水分のみならず塩分などのイオン（電解質）が失われるので、脱水の回復には塩分の補給も必要です。大量に汗をかくことを想定し、若干塩分を含んだ飲料を補給するようにしましょう。手軽なものでは市販のスポーツドリンクです。ただ長時間のトレーニングではエネルギーの補給もしなくてはいけないため、エネルギーサイクル（エネルギー産生）をスムーズにする糖質やクエン酸を含んだドリンクを選ぶのがベストと考えられます。

また、飲料は常温より冷やしたものを選択すると冷却作用が働きます。ただ一度飲みだすとのどの渇きが気になり、つい飲み過ぎになりがちなので、飲料とは別に、体にかけるための水を用意し、体温を下げることに利用するのもよいでしょう。

摂取する水分の量は、単純に汗などで体外に排出された分を目安にしてください。トレーニングの前後に体重を量り、体重が激減していれば水分補給が足りない状況です。ただし、トレーニング後の「ガブ飲み」では意味がありません。1回の補給で100～250mlが適量です。練習中にしっかり、そしてこまめに取るようにしましょう。

私も選手を指導する際は高温多湿下で行われるレースではウォーミングアップ前からレース直前まで、少しずつ口に水分を含むように伝えています。体内へ吸収されるまでに時間がかかるため、できるだけ速やかに吸収されるように少量を何度も摂取することが重要なのです。夏の試合では水分補給が勝利のカギを握っているといっても過言ではありません。

トレーニングを継続する中で体調が思わしくないと感じたら、病院で血液検査を受けるべきです。脱水症状になると腎機能の状態を表す血中のクレアチニンの値が高くなりますので、要チェックです。

# あとがき

　現在、私は城西大学で中長距離選手の指導に当たっていますが、選手たちには運動生理学に裏打ちされたトレーニングを課しています。それが選手たちを成長させる最も合理的な方法であると信じているからです。

　世界に目を向けてみると、アメリカのオレゴンプロジェクトが、中長距離界で素晴らしい成果を挙げています。かつての名マラソンランナーであるアルベルト・サラザール氏が監督を務め、いろいろな国の優秀なランナーを集めて育成に当たっているのですが、所属選手が驚くような好成績を上げているのです。

　モハメッド・ファラー選手は、ロンドンオリンピックとモスクワ世界陸上選手権で、5000mと10000mの2冠を成し遂げました。ゲーレン・ラップ選手は、ロンドンオリンピックの10000mで銀メダルを獲得しています。

　彼らが行っているトレーニングがどのようなものなのか、知り得る情報を集めてみると、本書で解説しているトレーニングと、かなり重なっている部分が多いようなのです。

　高強度トレーニング、低酸素トレーニング、筋肥大を招かない筋力トレーニングなどは、オレゴンプロジェクトでも実施されています。指導に当たるサラザール氏は、おそらく運動生理学に基づいたトレーニング処方を行っているのだろうと想像できます。

　中長距離種目では、きついトレーニングを行いさえすれば、何らかの効果は得ることができます。しかし、だからとい

って、どのようなトレーニングを行っていてもよいというわけではありません。できるだけ効率のよいトレーニングを行い、確実に効果を得ることが大切なのです。長期的に見れば、体に与える負担が小さく、それでいて大きな効果が得られるトレーニングが、理想的だということになります。

今、日本の中長距離は、世界のトップレベルから大きく遅れてしまっています。しかし、その差は、オレゴンプロジェクトに参加している大迫傑選手や、私の教え子である村山紘太選手たちが、新しい時代のトレーニングに取り組み、切磋琢磨していくことで、次第に縮まっていくものと信じています。

私は大学では経営学部に所属していますが、経営の世界では「イノベーション（技術革新）」という言葉がよく使われます。陸上競技のトレーニングでも、イノベーションは必要です。現状に満足してしまうことなく、リスクを恐れず、新たなトレーニングにチャレンジしてほしいと思います。

もちろん、私自身も現状にとどまるつもりはありません。時代は刻一刻と変わっていきます。これからも中長距離トレーニングのイノベーションに取り組んでいきたいと考えています。

櫛部静二

### 櫛部静二（くしべせいじ）

1971年11月11日、山口県生まれ。城西大学経営学部准教授、同大学男子駅伝部監督。宇部鴻城高校、早稲田大学人間科学部スポーツ科学科卒業。日本体育大学大学院修了。89年全国高校総体3000mSCで優勝。同種目の8分44秒77は現日本高校最高記録。92年日本インカレ10000m優勝。箱根駅伝には4年連続で出走し、3年時に1区区間新。大学卒業後はエスビー食品にて98年のバンコクアジア大会5000m代表、全日本実業団10000m優勝などの活躍。その後は指導者の道を目指して大学院に進学。2001年に城西大コーチとなり、09年に監督に就任。14年仁川アジア大会5000mに5位入賞し、15年日本選手権で優勝して世界陸上北京大会5000m代表に決まった村山紘太選手などを育てる。運動生理学者。

---

編集協力　水城昭彦
モ デ ル　城西大学男子駅伝部部員
デザイン　黄川田洋志、井上菜奈美、田中ひさえ、今泉明香、
　　　　　藤本麻衣、新開宙（有限会社ライトハウス）
写　　真　菅原淳、陸上競技マガジン、Getty-Images
　　　　　北川外志廣（カバー右中・裏）

### 参考文献
1. ストレングストレーニング＆コンディショニング
　Thomas R.Baechle Rojer W.Earle
　Book House HD
2. パーソナルトレーナーのための基礎知識
　Thomas R.Baechle Rojer W.Earle　森永製菓
3. トレーニング生理学
　芳賀脩光　大野秀樹　杏林書院
4. 入門運動生理学　第3版
　勝田茂　和田正信　松永智　杏林書院
5. トレーニングの科学的基礎
　宮下充正　Book House HD
6. 中長距離ランナーの科学的トレーニング
　デビッド・マーティン　ピーター・コー　大修館書店
7. 爆発的パワー養成　プライオメトリクス
　J・C・ラドクリフ　R・Cファレンチノス　大修館書店
8. アーサーリディアードのランニングバイブル
　アーサーリディアード　大修館書店
9. スポーツ生理学からみたスポーツトレーニング
　Jay　Hoffman　大修館書店
10. 高所トレーニングの科学
　浅野勝己　小林寛道　杏林書院
11. ダニエルズのランニングフォーミュラ
　ジャック・ダニエルズ　ベースボール・マガジン社
12. アドバンスト・マラソントレーニング
　ピート・フィツィンジャー　スコット・ダグラス
　ベースボール・マガジン社
13. スポーツと健康の栄養学　第3版
　下村吉治　NAP limited
14. 乳酸を活かしたスポーツトレーニング
　八田秀雄　サイエンティフィック

---

## 基礎からわかる！
# 中長距離走トレーニング

2015年8月31日　第1版第1刷発行
2020年9月30日　第1版第8刷発行

■著　　者／櫛部静二
■発　行　人／池田哲雄
■発　行　所／株式会社ベースボール・マガジン社
　　　　　　〒103-8482
　　　　　　東京都中央区日本橋浜町2-61-9TIE浜町ビル
　　　　　　TEL03-5643-3930（販売部）
　　　　　　TEL03-5643-3885（出版部）
　　　　　　振替口座　00180-6-46620
　　　　　　http://www.bbm-japan.com/
■印刷・製本／共同印刷株式会社

©Seiji Kushibe 2015
Printed in Japan
ISBN978-4-583-10912-1 C2075

※定価はカバーに表示してあります。
※本書の文書・写真・図版の無断転載を禁じます。
※本書を無断で複製する行為は（コピー、スキャン、デジタルデータ化など）は、私的使用のための複製など著作権法上の限られた例外を除き、禁じられています。業務上使用する目的で上記行為を行うことは、使用範囲が内部に限られる場合であっても、私的使用には該当せず違法です。また私的使用に該当する場合であっても、代行業者に等の第三者に依頼して上記行為を行うことは、違法となります。